Kieler Objekte erzählen Stadtgeschichte

Peter Wenners

Kieler Objekte erzählen Stadtgeschichte

Eine Entdeckungstour zu den Zeugen der Vergangenheit

BOYENS

Der Autor

Dr. Peter Wenners, geboren 1950 in Kiel, studierte Germanistik, Geographie, Skandinavistik und Kunstgeschichte an der Christian-Albrechts-Universität in Kiel. Nach seiner Tätigkeit als Lehrer für Deutsch und Geographie an Gymnasien in Lübeck und Heikendorf leitete er 22 Jahre lang das Gymnasium Altenholz.
Seit seiner Pensionierung 2016 engagiert er sich als Leiter der Juniorakademie der Länder Schleswig-Holstein und Hamburg für besonders begabte Schülerinnen und Schüler in St. Peter Ording. Der Arbeitsschwerpunkt des Autors liegt auf der Geschichte seiner Heimatstadt und Schleswig-Holsteins. Sein besonderes Interesse gilt dem 19. Jahrhundert.

BOYENS
BUCHVERLAG

ISBN 978-3-8042-1467-5

Fotos: Dr. Peter Wenners
Kartographie: Dr. Dirk Meier
Layout und Gestaltung: Dörte Kromrei
Druck: CPI books GmbH, Germany
Printed in Germany

www.buecher-von-boyens.de

Inhalt

Kieler Objekte erzählen Stadtgeschichte

Kiel gilt als moderne Stadt. Aber auch als Stadt mit Geschichte? Wo denn? Wo findet man in Kiel echte Sehenswürdigkeiten, historische Gebäude aus verschiedenen Epochen? Danach sucht man in Kiel weitgehend vergebens. Durch die Zerstörungen des letzten Weltkrieges ist die Stadt nicht reich an historischen Gebäuden.

Welche Zeugen der Vergangenheit gibt es, die dem Besucher Kiels zeigen, wie die Kieler früher lebten? In ihrem Alltag waren und sind die Menschen von einer Vielzahl unterschiedlicher Sachen umgeben. Alte Gegenstände halten die Erinnerung an vergangene Zeiten wach. Auch in Kiel sind noch zahlreiche Objekte aus vergangenen Zeiten vorhanden.

Historische und kulturgeschichtliche Zusammenhänge werden an diesen Kieler Objekten deutlich, die somit zu einer historischen Quelle werden, was der Aussage des Historikers Johann Gustav Droysen, der von 1840 bis 1851 an der Kieler Christian-Albrechts-Universität lehrte, entspricht: Historische Quelle sei „alles und jedes, was die Spur von Menschengeist und Menschenhand an sich trägt".
Objekte in diesem Sinne können sein: Verkehrsmittel, technische Geräte, Möbel, Grabmale, Kunstwerke, Gebäudeteile... Alle diese Gegenstände erzählen viel über historische, soziale, kulturelle und ökonomische Entwicklungen ihrer Entstehungszeit, sie erzählen Geschichte, die Geschichte des Alltags und der Erfindungsgabe der Menschen, die Geschichte der Stadt. Die vorliegende Darstellung der Kieler Objekte ist chronologisch aufgebaut und umfasst den Zeitraum seit der Stadtgründung Kiels bis in die Gegenwart. 78 Objekte werden im Kontext ihrer jeweiligen Entstehungszeit präsentiert und erzählen von den 775 Jahren Kieler Geschichte.
Manchmal stehen die Objekte beispielhaft für eine ganze Epoche, manchmal sind sie Zeugen eines kürzeren oder längeren Prozesses, manchmal verweisen sie auf besondere historische Ereignisse oder auf Personen der Geschichte. Aus jeder Epoche der Stadtgeschichte Kiels sind erinnerungswürdige, geschichtsträchtige oder auch nur überraschende Objekte überliefert. Jedes dieser Objekte stellt eines der Einzelteile dar, die in ihrer Gesamtheit einen chronologischen Überblick über die Geschichte der Stadt ermöglichen.
Aber auch ein Rundgang durch die Stadtgeschichte ist anhand der beigefügten Karte möglich und lädt ein zu einer Entdeckungstour auf den Spuren des alten Kiel.

1 Alles auf Anfang – Adam und Eva

Alles fängt an mit Adam und Eva, auch die Kieler Stadtgeschichte in Objekten. Auch in Kiel sind Adam und Eva präsent.

Wie allgemein bekannt, sind Adam und Eva nach der biblischen Überlieferung das erste Menschenpaar und damit die Stammeltern aller Menschen, mithin auch der Kielerinnen und Kieler!

Die Bibel erzählt, dass Gott aus Lehm Adam als ersten Menschen formt, ihm den Lebensatem einhaucht und ihm schließlich, nachdem er ihm im Schlaf eine Rippe entnommen hat, auch noch eine Gefährtin an die Seite stellt, die Stammmutter Eva. Adam und Eva erkennen in sich Mann und Frau. Sie leben im Garten Eden. Nachdem die Schlange sie überredet, das Verbot Gottes zu missachten und vom Baum der Erkenntnis von Gut und Böse zu essen, werden die beiden aus dem Paradies vertrieben. Das Urteil ist hart: Eva muss von da an ihre Kinder unter Schmerzen gebären, Adam muss sich der Mühsal harter Arbeit auf dem Acker unterziehen.

Der Mythos von Adam und Eva ist kunstgeschichtlich äußerst produktiv. In allen Epochen entstehen zahlreiche künstlerische Darstellungen dieser biblischen Geschichte.

Die elf Meter hohe Adam und Eva-Skulptur in Kiel ist ein Werk des 1947 in Kopenhagen geborenen dänischen Bildhauers Bjørn Nørgaard. Zunächst wird sie 1989 vor dem Kieler Sophienhof aufgestellt. Im Rahmen der Umgestaltung des Germaniahafens erhält sie 1999 dort ihren neuen Platz.

Die Granitsäule auf einem Sockel aus farbigen Fayence-Fliesen stellt zwei Menschen dar, die untrennbar miteinander verbunden sind. Sie stehen Rücken an Rücken und verschmelzen derart, dass kaum auszumachen ist, wo der männliche Teil beginnt und wo der weibliche. Ihre Arme liegen eng an den Körpern, ihre Augen sind geschlossen. Umfangen sind die beiden von einem Bronzenetz mit Mensch- und Tiersymbolen. Es bleibt offen, ob dieses Netz das Doppelwesen einsperrt oder vielmehr beschützt. Jedenfalls können sie diesem Netz nicht entrinnen. Alles ist untrennbar und auf ewig miteinander verflochten: Mann und Frau, Leben und Tod, Liebe und Hass, Freude und Trauer, alles, was das Dasein des Menschen ausmacht.

2 1239 Des Herzogs neue Kleider – Vom Stadtgründer zum Franziskanermönch

Ein gerade erst zwanzigjähriger Heißsporn fordert einen hartgesottenen und kampferprobten alten König heraus. Zu tief sitzt das Gefühl der Schande in dem Herzen des jungen Adeligen, der als Kind zeitweise als Geisel in Dänemark hat leben müssen. Nur ein Gedanke nimmt von ihm Besitz, einmal der Retter des Landes seiner Väter zu werden.

Der junge Erbe Holsteins trat als Graf Adolf IV. aus der Versenkung zum Kampf an, den er für sich entscheiden konnte. 1225 nahm der junge Graf Adolf IV. von Schauenburg und Holstein entschlossen den Kampf auf gegen den dänischen König Waldemar II., an den sein Vater die Grafschaft Holstein verloren hatte. Es galt, die Herrschaft über das Stammland zurückzugewinnen. Nachdem er bereits einige Schlachten gegen Lehnsmänner des dänischen Königs, so gegen den in Holstein herrschenden Graf Albrecht von Orlamünde, hatte für sich entscheiden können, besiegte am 22. Juli 1227 ein Heer der verbündeten Fürsten Norddeutschlands unter Adolfs Führung in der Schlacht von Bornhöved das dänische Heer unter König Waldemar und eroberte die Grafschaft Holstein zurück.

Damit gelang es Graf Adolf, auch das Gebiet um die Kieler Förde von Dänemark zurückzuerobern. Nördlich lag nun der Herrschaftsbereich des Königreiches Dänemark. Östlich der Schwentine schloss sich slawisches Gebiet hinter dem Limes Saxoniae an. In seinen Überlegungen, wie er seine Herrschaft in der zurückeroberten Grafschaft am besten sichern könne, griff Adolf IV. zu einem bewährten Mittel: Er gründete Städte und Klöster. Gesagt, vielmehr gedacht, getan. Nach der Schlacht bei Bornhöved 1227 gründete Graf Adolf wohl um 1233 die Stadt Kiel und stiftete zugleich wie auch in Hamburg ein Franziskanerkloster. Hier an der Förde sah Adolf die einzige Möglichkeit, einen sturmsicheren Tiefwasserhafen anzulegen und damit einen Zugang zur Ostsee zu erlangen und einen Ausgangspunkt für den Ostseehandel, auch im Sinne einer Konkurrenz zur Hansestadt Lübeck. Eine Vorgängersiedlung aus dem 12. Jahrhundert war vorhanden, die nun überformt wurde. Auf dieser flutsicheren Anhöhe legte Adolf seine Stadt an, die er „Civitati Holsatiae", also „Stadt Holsteins bzw. der Holsten", nannte. Zu dem Stadtgebiet gehörte „totum stagnum Kyl", „der ganze See Kyl"; gemeint waren die Förde und der Kleine Kiel. Die Förde ragte wie ein Keil weit ins Land hinein. Im allgemeinen Sprachgebrauch verkürzte man bald den Namen der Stadt zu „tom Kyle" oder später auch zu „Kiel". Der in Urkunden verwendete lateinische Name lautete „Chilonium". Die planmäßig angelegte Siedlung war mit ihren 1.800 Einwohnern damals die nördlichste Stadt im Heiligen Römischen Reich. Die Nikolaikirche wurde kurz nach der Stadtgründung errichtet.

Kiel wurde also irgendwann nach 1233 gegründet. Doch welches Datum gilt nun als Gründungsjahr, die Erwähnung der ersten Besiedlung, eine erste urkundliche Nennung oder die

Erlangung der Stadtrechte? 1242 jedenfalls erhielt die neue Stadtgründung unter dem gerade volljährigen Grafen Johann I., einem Sohn Graf Adolfs IV., das Lübische Stadtrecht. Deshalb gilt das Jahr 1242 als Gründungsjahr. Bis ins 16. Jahrhundert beschränkte sich die Besiedlung auf die vom Wasser, von der Förde und vom Kleinen Kiel, umschlossene Altstadt.

Adolf IV. gründete während seiner Regierungszeit zur Sicherung seiner Herrschaft weitere Städte in Schleswig-Holstein, zum Beispiel 1235 Oldenburg und 1238 Itzehoe. In der Schlacht bei Bornhöved hatte der Graf ein Gelübde abgelegt, das ihn veranlasste, nach seiner Beteiligung an einem Kreuzzug nach Livland am 13. August 1239 abzudanken und in das von ihm in Kiel gegründete Marienkloster der Franziskaner einzutreten. 1244 trat er eine Pilgerfahrt nach Rom an, um dort die Absolution für seine teilweise blutigen weltlichen Taten zu erlangen. Nach seiner Rückkehr wurde er vom Lübecker Bischof zum Priester geweiht. Im Kieler Kloster verbrachte „Bruder Adolf" seinen Lebensabend. Am 8. Juli 1261 starb er dort. Sein Grabstein im gotischen Stil lag ehemals vor dem Altar der Klosterkirche und ist noch heute im Kreuzgang, dem einzigen nach den Zerstörungen im Zweiten Weltkrieg in Teilen erhalten gebliebenen Teil des ehemaligen Klosters, aufgestellt.
Vor dem Kloster steht heute die überlebensgroße Bronzestatue des Stadtgründers auf einer Säule mit einer Höhe von 3,50 Metern, ein Werk des Künstlers Karl-Henning Seemann. Die Skulptur zeigt Adolf IV., der sich eine Mönchskutte über die Rüstung zieht, sich also vom Ritter in einen Geistlichen verwandelt.

3 1242 Alles immer schön im rechten Winkel – Der Stadtgrundriss

Das ist die günstigste Stelle für meine Stadtgründung, wird sich Graf Adolf IV. von Schauenburg gedacht haben. Die Halbinsel mit ihrem flachen Moränenhügel bot sich für die Anlage einer Stadt und eines sicheren Hafens geradezu an. Nahezu vollständig von Wasser umflossen, von der langgestreckten Förde auf der einen und vom durchgehenden Kleinen Kiel auf der anderen Seite, musste lediglich eine schmale Landenge im Norden durch eine Burg gesichert werden. Der natürliche Tiefwasserhafen am Ende der Förde bescherte einen hervorragenden, leicht zu verteidigenden und geschützten Ausgangspunkt für den Seehandel. In einer so günstigen Lage sind natürlich Vorgängersiedlungen aus dem 12. Jahrhundert anzunehmen, Dörfer, die in der neuen Stadt aufgingen. Aufgrund von Grabungen im ehemaligen Sumpfgebiet des Kleinen Kiel westlich vom Kloster konnte die Überformung der vorangegangenen Besiedlung nachgewiesen werden.

Die Stadt Kiel, offiziell 1242 gegründet, kann aufgrund seines Grundrissschemas als Musterbeispiel für eine Stadtgründung im Rahmen der mittelalterlichen deutschen Ostkolonisation gelten. Die Stadt ist geometrisch regelmäßig, also planmäßig angelegt. Charakteristisch ist das doppelte Straßenkreuz rund um den rechteckigen zentralen Marktplatz mit dem Rathaus und der benachbarten St.-Nikolai-Kirche. Dänische Straße und Schlossstraße führen nach Norden, Flämische und Schuhmacherstraße nach Osten, Holsten- und Kehdenstraße nach Süden und Küter- und Haßstraße nach Westen, wobei die diagonale Versetzung des Hauptstraßenzugs von der Holstenstraße zur Dänischen Straße zu beachten ist. Zwei weitere Straßen kommen hinzu: die Pfaffenstraße, die von der Schuhmacherstraße zum Hafen herunterführt, und die Ritter-, spätere Fischerstraße von der Schlossstraße ebenfalls Richtung Hafen. Dass es mehr Straßen hinunter zum Hafengelände gibt, zeigt die Bedeutung dieses Handelsplatzes. Die Stadtmauer der frühen Zeit Kiels führte mitten durch die Anlage des Franziskanerklosters an der Haßstraße und trennte damit die auch den Bürgern offen stehende Klosterkirche von der Klosterklausur für die Mönche. Die mittelalterliche Grundrisssituation hat sich bis in die Gegenwart in der Altstadt weitgehend erhalten.

Bis zum 16. Jahrhundert hatte sich die Einwohnerzahl von etwa 1.200 auf 1.700 erhöht. Um Wohnraum zu schaffen, wurden in der Altstadt alle Hintergrundstücke bebaut, wodurch voraussichtlich die Faul-, die Burg-, die Kattenstraße und „Hinter der Mauer" entstanden. Schließlich war das Altstadtgebiet derart dicht bebaut, dass sich von 1572 an die Besiedlung außerhalb der Stadtmauern in südliche Richtung über die Holstenbrücke auszudehnen begann. Der Rat der Stadt legte eine Bebauung entlang der nach Süden führenden Landstraße fest, die von nun an Vorstadt hieß. Orientiert an den vorhandenen verzweigten Feldwegen

setzte aber eine unregelmäßige Bebauung ein. Bis ins 19. Jahrhundert blieben die Altstadt und die immer weiter wachsende Vorstadt recht deutlich durch Tore getrennt.
Der Garten des Kieler Klosters beherbergt seit der Umgestaltung 2001 ein pultartiges Bronzereflief des Bildhauers Karl-Henning Seemann, das die verheerenden Zerstörungen des Zweiten Weltkriegs auf dem Grundriss der einstigen Kieler Altstadt zeigt. Dieses Memorial trägt die Inschrift: „Kiel. Holstenstadt Tom Kyle. Gegründet 1242. Durch Bomben zerstört 1943/44. Pax Opima Rerum (Der Friede ist das beste der Dinge). A.D. 2005."

4 1250 Ein gemauertes Boot? – Das Kieler Stadtwappen

Jede deutsche Stadt hat ein Wappen. Seit dem Mittelalter entstanden diese Wappen (von mittelniederländisch wâpen, mittelhochdeutsch wâfen Waffen) als Abzeichen in der Form eines Schildes, der im Mittelalter von Kämpfern getragenen Schutzwaffe.

Das Kieler Stadtwappen zeigt in stilisierter Form ein schwarzes gemauertes Boot in einem weißen, ursprünglich silbernen gezackten Blatt auf rotem Grund. Es könnte ein Ilexblatt sein, durchgesetzt hat sich aber die Auffassung, dass es sich um das so genannte holsteinische Nesselblatt handelt. Die Herzöge von Schauenburg, die seit 1111 mit der Grafschaft Holstein belehnt waren, trugen ein silbernes Nesselblatt auf rotem Grund in ihrem Wappen. Graf Adolf IV. führte dieses Wappen als erster in der Schlacht bei Bornhöved 1227. Er und seine Nachfolger wählten das Nesselblatt statt ihres ursprünglichen Löwenwappens, um die Unabhängigkeit von Dänemark, das ebenfalls ein Löwenwappen nutzte, zu demonstrieren und zugleich die Zugehörigkeit zum Heiligen Römischen Reich deutscher Nation, dessen Farben rot und weiß waren. In der Folgezeit nahmen mehrere der von den Schauenburgern gegründeten Städte deren Wappen an und veränderten es zwecks besserer Unterscheidung mit besonderen Symbolen. Die Stadt Kiel entschied sich für das schwarze Boot, das einerseits die Bedeutung der Schifffahrt und des Hafens für die Stadt betonte, andererseits in der gemauerten Form die Stadtrechte innerhalb der Stadtmauer symbolisieren sollte.

Bereits auf Siegeln der Stadt aus der Mitte des 13. Jahrhunderts wird dieses Wappen gezeigt. Im Laufe der Zeit hat sich das Wappen stark gewandelt. Aus dem 14. Jahrhundert stammen Siegel, die in ihrer Gestaltung die Vorlagen des heutigen Wappens sind. Das Stadtwappen ist in Kiel allgegenwärtig, ob auf Flaggen oder im Fenster des Ratssaales.

5 1283 Rin odder rut ut de Hanse – Die Kieler Hansekogge

Einige norddeutsche Städte tragen im Autokennzeichen ein „H" vor der Initiale ihres Namens. Dass dieses „H" Hansestadt bedeutet, weiß eigentlich jeder. Doch nicht jeder weiß, was die Hanse einst war. Sie war eine europäische Wirtschaftsunion des Mittelalters. Die Hanse stellt ein einmaliges Phänomen in der deutschen Geschichte dar. Mit ihr entstanden im 13. Jahrhundert die mächtigste Vereinigung von Kaufleuten und ein Städtebündnis im Norden Europas, dem in seiner Blütezeit nahezu 200 See- und Binnenstädte im Ost- und Nordseeraum angehörten. Dazu zählten London, das norwegische Bergen, das russische Nowgorod, Brügge in Belgien, Krakau in Polen und natürlich Lübeck als „Hauptstadt" der Hanse. Die Macht der Hanse war so groß, dass sie ihre wirtschaftlichen Interessen sogar mit Wirtschaftsblockaden oder Kriegen gegen weltliche Herrscher durchzusetzen vermochte.
Im gesamten Handelsraum der Hanse wurde als Verkehrssprache die „Hansesprache" gesprochen, das Mittelniederdeutsche. Wer in die Hanse aufgenommen werden wollte, sah sich einem Ritual ausgesetzt: der Zahlung einer Aufnahmegebühr, niederdeutsch Hänse, sowie dem Bestehen einer harten Mutprobe. Diese Prozedur wurde „hänseln" genannt. Das Wort jedenfalls ist erhalten geblieben.
Dem norddeutschen und nordeuropäischen Wirtschaftsbund der Hanse, die 1241 in Lübeck gegründet worden war, trat Kiel schon 1283 bei. Ab Mitte des 14. Jahrhunderts nahm die Stadt regelmäßig an den Hansetagen teil. Die Kieler trieben innerhalb des einzigartigen Netzwerks der Hanse Handel und genossen das Privileg aller Hansestädte, deren Niederlassungen im Ausland zu nutzen. Doch die Hoffnungen des Stadtgründers und seiner Nachfolger auf einen erfolgreichen Fernhandelshafen in Kiel erfüllten sich nicht. Die Konkurrenz Flensburgs und vor allem der freien Stadt Lübeck war zu groß. Bereits 1388 beantragte Lübeck als „Königin der Hanse" zum ersten Mal erfolglos die „Verhansung", d.h. den Ausschluss Kiels. Mehrfach unternahm die mächtige Konkurrentin weitere Versuche, Kiel aus dem Bündnis hinauszuwerfen. Die beschränkten wirtschaftlichen Möglichkei-

ten der kleinen Adelsstadt aufgrund der politischen Einschränkungen durch den Landesherrn und die folglich geringe wirtschaftliche Autonomie führten schließlich 1554, wieder auf Betreiben Lübecks, tatsächlich zum Ausschluss Kiels aus der Hanse. Darüber hinaus hatte der Ruf Kiels unter dem Vorwurf gelitten, Piraten unterstützt zu haben. Offenbar scheuten die Kieler nicht davor zurück, die Diebesware innerhalb ihrer Stadtmauern zu verkaufen.

Die Kieler Hansekogge am Seegartenanleger erinnert an diese Episode aus der Stadtgeschichte. Die Kieler Kogge wurde nach einem historischen Schiffsfund in der Weser bei Bremen während des Baus des Europahafens aus dem Jahr 1962 nachgebaut. Es war eine Sensation: Die genaue wissenschaftliche Analyse ergab, dass es sich bei dem Wrack um eine fast vollständig erhaltene Hansekogge aus dem Jahre 1380 handelte. So etwas kannten die Historiker bis dahin nur aus Gemälden oder Stadtsiegeln. Erst dieser Fund ermöglichte präzise Erkenntnisse über das typische Frachtschiff der Hanse. Unter den Wissenschaftlern entstand der Wunsch nach einem authentischen Nachbau des historischen Schiffs, um Erfahrungen in Bezug auf die Segel- und Transportmöglichkeiten des Schiffes zu gewinnen.

Schließlich konnte das Projekt durch den Verein „Jugend in Arbeit Kiel“ umgesetzt werden, dessen Zielsetzung, arbeitslose junge Menschen durch die Arbeit an einem Projekt zu fördern, sich mit diesem Schiffsnachbau erfolgreich realisieren ließ. Unter der wissenschaftlichen Betreuung durch das Deutsche Schifffahrtsmuseum in Bremerhaven wurde das Schiff zwischen 1986 und 1991 in einer Kieler Werft gebaut. Es ist das weltweit einzige voll funktionsfähige Modell einer Hansekogge.

Die Kogge war das reguläre Lastschiff des Wirtschaftsbündnisses der Hanse auf Nord- und Ostsee. Sie erfüllte alle Anforderungen an ein solches Massenguttransportmittel, größtmöglicher Laderaum und geringe Betriebskosten. Die Kogge war ein typischer Küstenfahrer. Da selten Seekarten zur Verfügung standen, orientierte man sich an Merkmalen der Küste, an Kirchen oder Windmühlen. Einen Kompass hatte wahrscheinlich nicht jedes Schiff, angewiesen waren die Seefahrer im Wesentlichen auf das Lot.

6 1284 Diese roten Kirchen – Die norddeutsche Backsteinarchitektur

Es fällt jedem Reisenden sofort auf: lauter rote Gebäude. Wenn man norddeutsche Städte wie Kiel durchstreift, ist der prägende Eindruck ein vorherrschender Architekturstil, der sich in den Rathäusern, den Stadttoren, vor allem in den Kirchen zeigt. Kennzeichen dieses mittelalterlichen Baustils ist der rote Ziegelstein. Beeindruckende, zum Teil monumentale Bauten sind in diesem einzigartigen Stil errichtet worden: Es ist die Backsteingotik.

Erstmalig verwendete man in Norddeutschland den Backstein als Baustoff im 12. Jahrhundert. Zum ersten Mal definierte man einen Stil nach einem Baustoff. Die ab dieser Zeit entstandenen Bauten gehören zur so genannten Backsteinromanik, gefolgt von der Backsteingotik bis zur Backsteinrenaissance im 16. Jahrhundert. Besonders häufig findet man den Backsteinstil in den Städten, die wie Kiel im Rahmen der hochmittelalterlichen Ostkolonisation nördlich und östlich der Elbe gegründet wurden.

Als Backsteingotik bezeichnet man den gotischen Backsteinbau in Norddeutschland und im Ostseeraum. Vor allem in den nordischen Hansestädten sieht man viele Profan- und Sakralbauten im Stil der Backsteingotik. Dieser ist geprägt durch den gebrannten roten Backstein, zum Teil auch in Kombination mit glasierten dunkleren Steinen. Weiteres Charakteristikum ist eine reiche Fassadengliederung durch gemauerte Strukturen und Ornamente. Die Kirchen der Backsteingotik sind häufig recht wuchtig, von monumentaler Größe und äußerlicher Schlichtheit. Es ist ein sehr eigenständiger und unverwechselbarer Baustil, in dem eine stolze und unabhängige Bürgerschaft die wichtigen Gebäude ihrer Stadt errichtete, als Symbol für Selbstbewusstsein und Stärke. Musterbeispiel ist die „Mutter" aller backsteingotischen Basiliken, die St.-Marien-Kirche in Lübeck.

Die St.-Nikolai-Kirche in Kiel ist ebenfalls ein schönes Beispiel für die norddeutsche Backsteingotik. Nach den verheerenden Zerstörungen im Zweiten Weltkrieg ist das Gotteshaus ab 1950 weitgehend im alten Stil, allerdings in schlichterer Form wiederaufgebaut worden. Die St.-Nikolai-Kirche, die dem Heiligen Nikolaus als dem Schutzpatron der Schiffer und Kaufleute geweiht wurde, entstand in der Gründungszeit der Stadt ab 1242. Für das Jahr 1284 wird im Kieler Stadtbuch von 1264–1289 die Fertigstellung des Chores erwähnt. Aber erst in der zweiten Hälfte des 14. Jahrhunderts wurde der Bau der Backsteinhallenkirche vollendet. Auffällig ist, dass die Kirche nicht direkt am zentralen Marktplatz steht, sondern daneben, zeitweise sogar verdeckt durch eine Häuserreihe, die 1944 zerstörten Persianischen Häuser, die in den Jahren 1632–1638 als Packhäuser für einen geplanten Handel mit Persien errichtet wurden, der allerdings nie zustande kam.

Im Backsteinstil sind auch viele weitere Gebäude Kiels gestaltet, zum Beispiel das Rathaus, das Opernhaus oder der Wasserturm am Ravensberg. Am Fensterdetail an der Kieler St.-Nikolai-Kirche wird der Stil der Backsteingotik sehr deutlich.

7 1431 „Nun ward Schelm und Deef inlött" – Der Kieler Umschlag

„Nun ward Schelm und Deef (Diebe) inlött (eingeläutet)". So kommentierten die Kieler den Beginn des großen Wintermarktes, des Kieler Umschlags, am Tag der Heiligen Drei Könige, dem 6. Januar. Ob sie damit nur die Kriminellen meinten, die der Markt anlockte, oder auch die in Geldgeschäften Anreisenden, bleibt unklar. Wie dem auch sei, nachmittags um 16 Uhr wurde der Kieler Umschlag feierlich von den Kirchenglocken eingeläutet und eröffnet. Vom Turm der alten Nikolaikirche wurde die Fahne herausgehängt, die im Volksmund den Namen „De Börgermester sin Büx" trug. Dieses rot gestrichene Eisenschild, welches das Wappen der Stadt trug, galt als Zeichen, dass die Stadt Kiel allen anreisenden Händlern und Marktbesuchern für die Dauer des Umschlags sicheres Geleit und Marktfreiheit gewährte. Der Kieler Umschlag war der bedeutendste Kapitalmarkt in ganz Norddeutschland und Dänemark, da die Stadt eine äußerst zentrale Lage hatte und der schleswig-holsteinische Adel hier residierte. Schnell hatte dieser Geldmarkt als Börse sogar Lübeck den Rang abgelaufen. Das mittelniederdeutsche Wort „ummeslag" hieß so viel wie Wechsel oder Tausch und bezeichnete damit die Übergabe von Geldbeträgen. Vom 6. bis zum 14. Januar wurden alle Landpachtzahlungen der Pächter an die Gutsherren und die Zahlungen der Gutsherren an ihre Gläubiger geleistet. Darüber hinaus wurden alle Produkte aus dem Herzogtum Holstein und dem südlichen Schleswig umgeschlagen. Mehrere Millionen Silbertaler wechselten während dieser Tage die Besitzer. Das klingt einfacher, als es in Wirklichkeit war. In Bezug auf die im Umlauf befindlichen Währungen und Geldsorten herrschte ein heilloses Durcheinander, das nicht nur für die Geschäftsleute und Bankiers ein großes Problem darstellte: Neben dem Dänischen Reichsbanktaler und Speziestaler gab es vor allem das Schleswig-Holsteinische Courantgeld in Form von Talern, Mark und Schillingen. Daneben waren Preußische Taler und Hamburger oder Lübecker Courantmark im Gebrauch. Außerdem begegneten einem manchmal mecklenburgische, hannoversche oder braunschweigische Courantmünzen. Da sollte man nun den Überblick behalten.

Am Tage wurden alle wichtigen Geldgeschäfte, Zinszahlungen, Immobilienkäufe und -verkäufe, Verpachtungen, Erbschaftsangelegenheiten und die verschiedensten Handelsgeschäfte erledigt. Am Ende des arbeitsreichen Tages standen Geselligkeiten und Festlichkeiten im Mittelpunkt, zumal zu den Zeiten des Umschlags die adeligen Familien in ihre Kieler Häuser zu übersiedeln pflegten und diesen Treffpunkt nicht nur als Kapitalmarkt, sondern auch als Heiratsmarkt schätzten. Die anreisenden Kaufleute und Advokaten brachten häufig ihre Familien mit in die Stadt. Überhaupt war die Stadt voller denn je, man zählte nahezu doppelt so viele Einwohner in diesen Tagen. Die Besucher des Marktes, die Bauern, die wan-

dernden Handwerker und andere Reisende waren aus den benachbarten Dörfern und aus allen Himmelsrichtungen angereist. Für viele Hausbesitzer bedeutete diese Zeit eine willkommene Einnahmequelle, und jede noch so kleine Kammer wurde teuer vermietet, selbst wenn sie nicht beheizt war. Mancher Kieler Bürger war allerdings gar nicht begeistert von den Tagen des Umschlags, denn nach den Tagesangelegenheiten wurde die ganze Nacht über gefeiert und gelärmt. Gleichzeitig bedeutete der Umschlag einen großen Anziehungspunkt für Bettler und sogar für Kriminelle. Deshalb hatten die Ordnungshüter in diesen Tagen alle Hände voll zu tun.

Die Verkaufsbuden zogen sich in sechs Reihen quer über den Markt. Aus allen vier Ecken des alten Marktplatzes rollten die Plan- und Holzwagen heran, die aus allen Landesteilen die Waren heranfuhren. Der gesamte Platz, umrahmt von der mächtigen Nikolaikirche, dem altehrwürdigen Rathaus und den schönen Patrizierhäusern, erstrahlte in dem Glanz, der von den zahllosen Lichtern aus den Umschlagbuden kam. In diesem Budengewirr gab es ein lebhaftes Treiben, wenn Käufer und Verkäufer, dazu die vielen Schaulustigen, die Musikanten und Gaukler aufeinandertrafen.

Der mittelalterliche Freimarkt mit dem Namen Kieler Umschlag fand seit 1431 jährlich statt, zunächst im November, ab 1473 vom 6. bis zum 14. Januar. Seinen Höhepunkt erreichte der Kieler Umschlag im 16. Jahrhundert. Ab dem 17. Jahrhundert verlor er allmählich seine Bedeutung. 1911 wurde er eingestellt, weil das Bankwesen schon längst seine Aufgaben übernommen hatte. 1975 wurde der Kieler Umschlag als jährliches Altstadtvolksfest im Februar zu neuem Leben erweckt.

Die Umschlagsfahne aus Eisen von 1759 hängt im Stadtmuseum Warleberger Hof.

8 1460 Noblesse oblige oder Adel verpflichtet – Die Stifter des Hochaltars

Wie könnte er es schaffen, sich vor Gott und den Menschen beliebt zu machen und sich zugleich ein Denkmal für die Ewigkeit zu setzen? Dieser Gedanke ließ Johann von Ahlefeld, Geheimer Rat des Herzogs und Herr auf Gut Lehmkuhlen, nicht mehr los. Aber die Lösung lag ja auf der Hand. Er könnte ein Bild stiften, für eine Kirche etwa, und sich darauf abbilden lassen, oder besser noch, gleich einen ganzen Altar. Ein gutes Werk würde er darüber hinaus auch noch tun. Die Entscheidung für die Stiftung eines Altars war rasch gefallen. Geld genug hatte er.

So gab der 61-Jährige bei namhaften Künstlern einen Flügelaltar in Auftrag. Gerade noch rechtzeitig vor seinem Tod im Jahr 1463 wurde das kunstvolle Werk fertig. 1460 wurde der neue Hochaltar in der Kirche des Franziskanerklosters in der Haßstraße aufgestellt.

Ein wahres Prachtstück ist er, der Flügelaltar zum Angedenken der adeligen Familie Ahlefeld, der nun im Chorraum der St.-Nikolai-Kirche zu Kiel steht. Erst 1541 wurde er im Zuge der Reformation und der Auflösung des Klosters in die Hauptkirche der Stadt gebracht. Der Altar gilt als einer der schönsten und besterhaltenen in Schleswig-Holstein.

Mittelalterliche Flügelaltäre besitzen stets ein festes Mittelstück, an dessen Seiten zwei Flügel oder auch zwei Doppelflügel befestigt sind. Die Innenseiten wurden meist mit plastischen Darstellungen versehen, die Außenseiten eher mit Malereien. Wann den Gläubigen die Innenseite bzw. die Außenseite des Altars präsentiert wurde, war für das Kirchenjahr präzise reguliert. So war ein Flügelaltar zum Beispiel in der Adventszeit verschlossen, bevor er zu Weihnachten geöffnet wurde.

Die geschlossenen Flügel des Altars in der St.-Nikolai-Kirche sind mit Bildern geschmückt, die Themen aus dem Alten Testament aufgreifen. Der geöffnete Flügelaltar zeigt im Mittelteil mit dem goldenen Hintergrund die Kreuzigungsszene, in der oberen Reihe daneben stellen die zehn Tafeln einzelne Stationen aus dem Leben Christi dar. Die zehn Tafeln der unteren Reihe sind Szenen aus dem Leben der Maria gewidmet. Auf der oberen Randleiste sind Informationen zu dem Altar vermerkt: „Anno D N I 1460 is disse tafele gemaket tho der erre gads". Im untersten Teil des Altars, der so genannten Predella, befindet sich ein von acht Prophetengestalten umrahmter goldener Schrein, ehemals zur Aufbewahrung von Reliquien, jedenfalls vor der Reformation!

Auf kirchlichen Ausstattungsstücken des Mittelalters sind die Stifterfiguren traditionell meist betend, häufig gegenüber den Heiligen oder Christus als sehr viel kleinere Figuren am unteren Bildrand dargestellt. Zufrieden wird der Ritter von Ahlefeld seine Stiftung betrachtet haben, wenn er die sechs Stifterfiguren im Mittelteil in Augenschein nahm. Zu Füßen der Kreu-

zigungsszene knien die Betenden, drei männliche Mitglieder der Familie Ahlefeld, darunter der Stifter selbst, zur Linken, drei weibliche zur Rechten. Zwischen den Dreiergruppen wird das Wappen der Ahlefelds gezeigt.

Und sie waren nicht die einzigen Adeligen, die sich mit Stiftungen hervortaten. In der Innenausstattung der Kirchen begegnete man zahlreichen gestifteten Bildern, Geräten und Gestühl, mit denen der Adel seine wachsende Bedeutung für die Stadt zum Ausdruck zu bringen trachtete.

9 1542 Streit auf der Kanzel – Die Reformation in Kiel

In Kiel kam die Reformationsidee zuerst 1526 an und führte alsbald zu einer handfesten Prügelei. Der Kieler Marquard Schuldorp hatte bei Martin Luther in Wittenberg studiert und verbreitete als Vikar die neue Lehre in Kiel, wo er auf den fanatischen Laienprediger Melchior Hofmann traf, der in Bezug auf das Abendmahl eine extrem abweichende Meinung vertrat. Die beiden sollen sich deswegen sogar auf der Kanzel der St.-Nikolai-Kirche geprügelt haben. Daraufhin wurde Hofmann vom dänischen Thronfolger des Landes verwiesen.
Christian III. war ein leidenschaftlicher Lutheraner, der in Dänemark und Norwegen die Reformation einführte und vorantrieb. 1521 nahm er als 18-Jähriger stellvertretend für seinen Vater, König Friedrich I., am Reichstag in Worms teil und traf dort mit Martin Luther zusammen. Diese Begegnung hinterließ einen starken und prägenden Eindruck bei dem jungen Prinzen, der zum glühenden Verehrer Luthers und seiner Lehre wurde. Schon seit den 20er Jahren des 16. Jahrhunderts hatten erste protestantische Prediger die Kritik an der katholischen Geistlichkeit und die Ideen der Reformation im Land verbreitet. Christian verfolgte diese Tendenzen mit wachem Interesse. Nachdem der König, der den Ideen der Reformation zwar auch wohlwollend, aber doch zurückhaltend gegenüberstand, ihm 1525 die Verwaltung des Herzogtums Schleswig übertragen hatte, führte Christian dort die Reformation ein mit einer evangelischen Kirchenordnung, die als eine der ältesten protestantischen Kirchenordnungen der Welt zu gelten hat. 1536 schloss sich die dänische Kirche offiziell der lutherischen Lehre an.
Zu Johannes Bugenhagen hatte Christian III. seit einer Begegnung 1529 in Flensburg großes Vertrauen gefasst und ein so enges Verhältnis, dass er sich nach dem Tod seines Vaters 1537 in Kopenhagen von ihm zum König krönen ließ. Bugenhagen war ein enger Freund und Weggefährte Martin Luthers und hatte wesentlichen Anteil an der Ausbreitung der Reformation in ganz Niederdeutschland. Neben Martin Luther und Philipp Melanchthon gehört er zu den herausragenden Vertretern der gemäßigteren Wittenberger Reformation. An der niederdeutschen Übertragung der lutherschen Bibelübersetzung und deren Herausgabe war der des Niederdeutschen mächtige Geistliche maßgeblich beteiligt. Nachdem er bereits die evangelische Kirchenordnung für Dänemark vorgelegt hatte, erarbeitete er in Anlehnung daran und im Auftrag des Königs eine neue, auch von Luther abgesegnete Kirchenordnung für Schleswig-Holstein, die 1542 mit ihren niederdeutsch verfassten Empfehlungen zur Lehre und zu den Zeremonien zur Grundlage der protestantischen Gottesdienste in den Herzogtümern wurde. In der sogenannten ‚Pommernkapelle' der St.-Nikolai-Kirche hängt ein großformatiger Bildteppich. Auf ihm ist der dänische König Christian III. (1503–1559), zugleich

Herzog von Schleswig und Holstein, dargestellt, wie er dem aus Pommern stammenden Reformator Johannes Bugenhagen (1485–1558) den Auftrag erteilt, die Reformation in Dänemark und in den Herzogtümern durchzuführen.

Im Zuge der während der Reformation vollzogenen Säkularisierung kam es 1530 zur Auflösung des Klosters durch den dänischen König Friedrich I., die Gebäude gingen in städtischen Besitz über. In den Folgejahren beherbergte das Gebäude seit 1546 die Lateinschule, die heutige Gelehrtenschule, und ab 1556 das Armenhospital der Stadt. Die sakralen Gegenstände der Klosterkirche wurden quasi „geplündert". Der Flügelaltar zog in die St.-Nikolai-Kirche um.

Ab 1665 bot der Klosterkomplex mit seinen vielfältigen Gebäudeteilen der neu gegründeten Universität Unterkunft. Das Gebäude verfiel im Laufe der Jahre aber so drastisch, dass die Universität 1766 in das Schloss umzog und das alte Kloster abgerissen werden musste und sogar als Steinbruch diente. Einzig die Klosterkirche blieb erhalten, die in den Jahren 1889–1891 im neugotischen Stil restauriert wurde. 1904 erhielt sie sogar einen Turm, der bis auf die damalige Spitze noch heute unverändert ist.

Im Zweiten Weltkrieg wurde das Kloster von Sprengbomben am 13. Dezember 1943 schwer getroffen. Nur ein Teil des Kreuzgangs, das mittelalterliche Gewölbe und der Turm von 1904 sowie der Grabstein Adolfs IV. entgingen der Zerstörung. Die erhaltenen Teile des Gebäudes wurden ab 1950 restauriert und stehen gegenwärtig als „Theologisches Studienhaus Kieler Kloster" Theologiestudenten zur Verfügung. Auch der Klostergarten erfuhr eine stadtgeschichtliche Neugestaltung. 1999 konnte durch Spendengelder ein Carillon, ein Großglockenspiel mit fünfzig Glocken, im Turm eingebaut werden, das an jedem ersten Samstag im Monat erklingt; in diesem Konzert läutet auch die einzige noch erhaltene Glocke der Klosterkirche von 1928 mit.

10 1616 Was sich der Adel so alles erlaubt – Der Warleberger Hof

Der Warleberger Hof in der Dänischen Straße ist der letzte Adelssitz in Kiel und überhaupt der älteste Profanbau der Stadt. Das denkmalgeschützte Haus beherbergt heute das Kieler Stadtmuseum.

Im 17. Jahrhundert war Kiel zu einer typischen Adelsstadt geworden. Nach dem Aussterben der Schauenburger Herzöge, die das Kieler Schloss noch überwiegend als Residenz nutzten, und der nachfolgenden permanenten Abwesenheit der Landesherren, die lieber in Gottorf oder auch in Segeberg residierten, gewannen die Adeligen deutlich an Einfluss in der Stadt und zogen vermehrt nach Kiel. 1631 gab es 77 Adelspalais rund um das herzogliche Schloss, vor allem in der Haßstraße. Jedes siebte Haus befand sich in Adelsbesitz. Es handelte sich in der Regel um die repräsentativen Stadthäuser der Adeligen von den umliegenden Gütern, die den Winter in der Stadt zu verbringen pflegten und hier die Annehmlichkeiten des städtischen Lebens genießen wollten. In diese Monate fiel außerdem der Kieler Umschlag, der zentrale Kapitalmarkt der Herzogtümer Schleswig und Holstein, bei dem die adeligen Gutsbesitzer, die durch ihre Agrargeschäfte reich geworden waren, ihre teilweise überregionalen Geldgeschäfte, auch mit Hamburger und Lübecker Kaufleuten, abwickelten. Bis auf den Warleberger Hof wurden alle anderen Adelshäuser wie auch das Schloss im Zweiten Weltkrieg zerstört.

1616 wurde das stattliche Haus in der Dänischen Straße für den Amtsschreiber des damaligen Herzogs von Schleswig-Holstein-Gottorf Christoph Martens gebaut. Und wie alle so genannten adeligen Freihäuser mit typischen Adelsprivilegien ausgestattet: eine Frischwasserzuleitung, das Braurecht sowie vor allem die Steuerfreiheit für Gebäude und Grundstück. Vor allem das letztgenannte Privileg führte immer wieder zu Rechtsstreitigkeiten mit der Stadt, der die Abgaben schließlich verloren gingen. Auch sonst war der Adel nicht gerade gern gesehen in der Stadt, denn die Klagen über gewalttätige Übergriffe vor allem jugendlicher Adeliger auf die Bürger häuften sich.

Den Namen Warleberger Hof erhielt das Gebäude von einem seiner Nachbesitzer, Henning von Thienen vom nahe gelegenen Gut Warleberg. Von dem frühen Bau ist allerdings nur noch der Gewölbekeller mit der Küche und der Brunnenanlage erhalten. Sein heutiges barockes Aussehen wie das prächtige Sandsteinportal mit dem goldenen „R" erhielt das Palais 1765 nach einem aufwändigen Umbau durch Henning Bendix von Rumohr.

Am Ende des 18. Jahrhundert verzeichnete die Stadt nur noch 16 Adelshäuser. Nach dem Rückzug des immer bedeutungsloser gewordenen Adels aus Kiel erwarb 1839 die Christian-Albrechts-Universität den Warleberger Hof und brachte in dem Gebäude verschiedene Insti-

tute unter, unter anderem die Anatomie im kühlen und mit Frischwasser ausgestatteten Gewölbekeller. 1881 zog das Museum für Völkerkunde ein, später auch das Theatermuseum und das Medizinhistorische Institut. 1909 wurde die Hauptfassade um fünf Meter zurückversetzt, um die Dänische Straße für den Einbau der Straßenbahnschienen zu verbreitern.

Seit 1970 ist das Gebäude im Besitz der Stadt und dient dem Kieler Stadtmuseum als Ausstellungshaus. Bei Ausschachtungsarbeiten für den Fahrstuhl während der großen Sanierung in den Jahren 2009 bis 2011 fand man eine Eichenscheibe als auf 1278 datierten Fundamentrest eines Hauses aus der Gründungszeit Kiels.

11 1642 „Wer nur den lieben Gott lässt walten...“ – Eines der bekanntesten Kirchenlieder entsteht in Kiel

Das kleine Kiel blieb lange vom Dreißigjährigen Krieg (1618–1648) verschont. Erst 1627 wurden Stadt und Schloss von den kaiserlichen Truppen erstürmt. Die Generäle Tilly und Wallenstein führten ihren Feldzug gegen die protestantischen norddeutschen Landesherren und den mit ihnen verbündeten dänischen König und verteidigten Kiel auch 1628 gegen die Belagerung einer dänischen Flotte von 47 Kriegsschiffen. Der Lübecker Frieden von 1629 verschaffte der Stadt eine Verschnaufpause, bis im Dezember 1643 die Schweden unter ihrem General Torstenson Schleswig-Holstein eroberten und Kiel zu ihrem Hauptquartier machten, aber 1644 von den Kaiserlichen unter General Gallas wieder vertrieben wurden.

Einer der Leidtragenden des Krieges war auch Georg Neumark, am 16. März 1621 im thüringischen Langensalza geboren. Er begab sich nach Abschluss seiner Lateinschulzeit in Gotha 1640 auf die Reise nach Königsberg, wo er Jura zu studieren gedachte. Sein Ziel erreichte er aber erst 1643. Da der Dreißigjährige Krieg deutlich an Grausamkeit zugenommen hatte und die Straßen wegen der umherziehenden Soldatentrupps nicht mehr sicher waren, schloss sich Neumark einem von Bewaffneten gesicherten Kaufmannszug an, um von einem Ostseehafen aus zu Schiff nach Ostpreußen zu reisen. Trotzdem verlor er bei einem Überfall alle Habe außer dem Gesang- und dem Stammbuch mit dem Nachweis seiner Bildung. So gelangte er nach etlichen Umwegen und Versuchen, in Lüneburg und Hamburg eine Stelle als Hauslehrer zu finden, schließlich nach Kiel. In seinen Erinnerungen schrieb Neumark vierzig Jahre später: „So wurde ich so melancholisch, dass oftmals ich des Nachts in meiner Kammer den lieben, barmherzigen Gott mit heißen Tränen kniend um Hilfe anflehte.“

Erst im Januar 1642 gelang es ihm endlich, mit Hilfe seiner Gönner, des auch aus Thüringen stammenden Geistlichen Christophorus Becker, der ab 1639 Hauptpastor in Kiel war, und des Stadtphysikus Paul Moth, eine Anstellung als Hauslehrer bei dem Kieler Amtsschreiber Steffen Henning zu finden. Dieses unverhoffte Glück war es, das ihn nach seinem eigenen Zeugnis veranlasste, in einem Lied „der göttlichen Barmherzigkeit für solche Gnade zu danken“. Voller Dankbarkeit schrieb der 19-Jährige noch am ersten Abend seines neuen Lebensabschnitts (Neujahr 1642) den Text nieder: „Wer nur den lieben Gott lässt walten“. Der Autor bezeichnete sein Werk selbst als Trostlied, „dass Gott einen jeglichen zu seiner Zeit versorgen und erhalten will“. Das siebenstrophige Lied strahlt so großes Gottvertrauen und so viel Zuversicht aus, dass man kaum glauben kann, dass es ein Opfer der Gewalt des grausamen Dreißigjährigen Krieges verfasst hat.

Dieses Lied wurde nicht zuletzt dank der kongenialen Vertonung durch den Autor selbst, der ein ausgezeichneter Gambenspieler gewesen sein soll, zu einem der bekanntesten Kirchen-

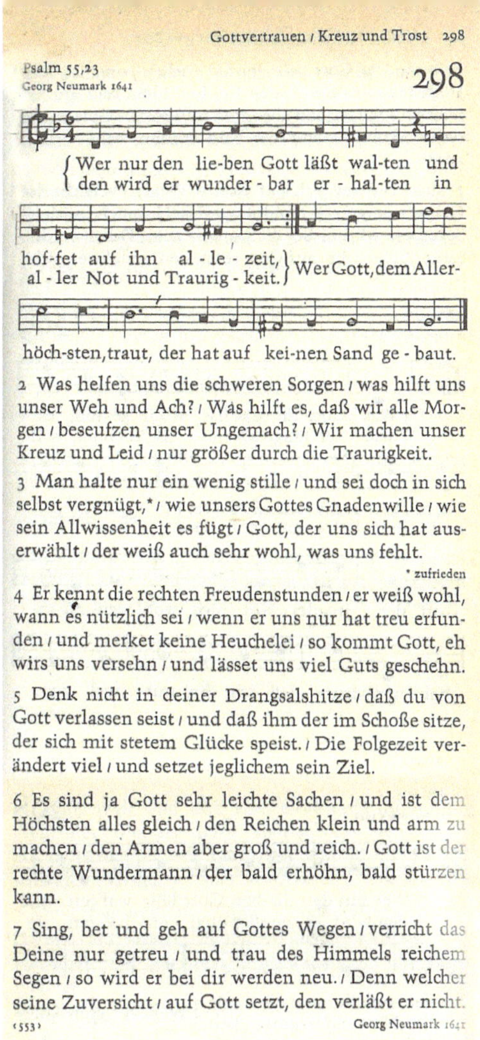

Gottvertrauen / Kreuz und Trost 298

Psalm 55,23
Georg Neumark 1641

298

2 Was helfen uns die schweren Sorgen / was hilft uns unser Weh und Ach? / Was hilft es, daß wir alle Morgen / beseufzen unser Ungemach? / Wir machen unser Kreuz und Leid / nur größer durch die Traurigkeit.

3 Man halte nur ein wenig stille / und sei doch in sich selbst vergnügt,* / wie unsers Gottes Gnadenwille / wie sein Allwissenheit es fügt / Gott, der uns sich hat auserwählt / der weiß auch sehr wohl, was uns fehlt.

* zufrieden

4 Er kennt die rechten Freudenstunden / er weiß wohl, wann es nützlich sei / wenn er uns nur hat treu erfunden / und merket keine Heuchelei / so kommt Gott, eh wirs uns versehn / und lässet uns viel Guts geschehn.

5 Denk nicht in deiner Drangsalshitze / daß du von Gott verlassen seist / und daß ihm der im Schoße sitze, der sich mit stetem Glücke speist. / Die Folgezeit verändert viel / und setzet jeglichem sein Ziel.

6 Es sind ja Gott sehr leichte Sachen / und ist dem Höchsten alles gleich / den Reichen klein und arm zu machen / den Armen aber groß und reich. / Gott ist der rechte Wundermann / der bald erhöhn, bald stürzen kann.

7 Sing, bet und geh auf Gottes Wegen / verricht das Deine nur getreu / und trau des Himmels reichem Segen / so wird er bei dir werden neu. / Denn welcher seine Zuversicht / auf Gott setzt, den verläßt er nicht.

‹553› Georg Neumark 1641

lieder, das Eingang in die Gesangbücher aller christlichen Religionsgemeinschaften fand. Das Lied wurde in viele Sprachen übersetzt und fand eine weltweite Verbreitung. Es erlangte nach seiner Veröffentlichung 1657 schnell eine große Popularität. Bald wurde es eine Art geistliches Volkslied, das überall gesungen wurde, nicht nur während des Gottesdienstes. Darüber hinaus konnten sich Personen unterschiedlicher religiöser Ausrichtung mit der allgemeingültigen Aussage des Liedes identifizieren.

Außer Neumarks Vertonung gibt es mehr als zwanzig Melodien zu dem Text. Die Popularität der Originalmelodie, die vielen anderen Liedern beigegeben wurde, blieb aber unerreicht, sie gilt als eine der Hauptmelodien des evangelischen Kirchengesangs. Johann Sebastian Bach verarbeitete das Lied in mehreren Werken, unter anderem in der Choralkantate BWV 93 mit dem Titel „Wer nur den lieben Gott lässt walten". Auch andere Komponisten wie Felix Mendelssohn-Bartholdy oder Johannes Brahms verwendeten das bekannte Kirchenlied.

Im Frühjahr 1643 verließ Neumark Kiel und setzte die so unfreiwillig unterbrochene Reise nach Königsberg von Lübeck aus fort. Neumark studierte zwar Jura, widmete sich aber immer auch der Dichtung und der Musik. Später wurde er am Hof des Weimarer Herzogs Wilhelm IV. Bibliothekar und Geschäftsführer der Fruchtbringenden Gesellschaft, der ersten und größten deutschen Sprachakademie der Barockzeit. Neumark starb 1681 in Weimar.

Das Lied findet sich in dem Evangelischen Kirchengesangbuch, Ausgabe für die Evangelisch-lutherischen Landeskirchen Schleswig-Holstein-Lauenburg, Hamburg, Lübeck und Eutin 1969.

12 1665 „Lüge ist auch eine Wissenschaft, sprach der Teufel. Er studierte in Kiel." – Die Gründung der Christian-Albrechts-Universität

Die Christiana Albertina, die Christian-Albrechts-Universität in Kiel, wurde 1665 von Herzog Christian Albrecht von Schleswig-Holstein-Gottorf gegründet. Schon dessen Vater Herzog Friedrich III. hatte vom deutschen Kaiser die Erlaubnis erhalten, in seinem Herrschaftsgebiet eine Universität zu begründen, um dem steigenden Bedarf an akademisch gebildeten Landesbeamten und protestantischen Geistlichen Genüge zu tun. Aber erst geraume Zeit nach dem Dreißigjährigen Krieg konnte an eine Verwirklichung des Plans gedacht werden. Die Frage nach einem geeigneten Standort kam auf, der wegen der kaiserlichen Genehmigung auf Reichsgebiet liegen musste, also südlich der Eider. Da die Stadt Kiel, die sich von der Ansiedlung der Hochschule wirtschaftliche Vorteile erhoffte, dem Herzog ein günstiges, nämlich kostenloses Raumangebot im ehemaligen, seit der Reformation säkularisierten Franziskanerkloster unterbreiten konnte, fiel die Wahl des Standortes schließlich auf Kiel.

Am 5. Oktober 1665 wurde die Universität im Kieler Schloss eingeweiht, und der Herzog überreichte als erster Rektor die Insignien der Universität, das Zepter und den Mantel des Prorektors, sowie das Siegel der Hochschule mit dem lateinischen Leitspruch „Pax optima rerum" („Frieden ist das beste der Güter") an die achtzehn Professoren, die fortan im Kieler Kloster 162 Studenten unterrichten sollten. Diese waren den vier klassischen Fakultäten zugeordnet: Theologie, Jura, Medizin und Freie Künste, also Philosophische Fakultät.

Um 1765 sank die Zahl der Studenten unter 60, und sowohl das Gebäude als auch der Lehrbetrieb der Universität verfielen aufgrund zunehmender Finanznot immer mehr, so dass der Niedergang der erst hundertjährigen Hochschule drohte. Das änderte sich erst, als Zarin Katharina die Große, durch ihren Mann Peter III. auch Herzogin von Holstein-Gottorf, die Kieler Universität zu ihrem persönlichen Anliegen erhob, die notwendigen Geldmittel zur Verfügung stellte und den Baumeister Ernst Georg Sonnin, den Erbauer des Hamburger Michel, mit dem Neubau eines Universitätsgebäudes beauftragte. Der schlichte Backsteinbau in der Kattenstraße konnte 1768 bezogen werden und blieb bis 1876 das Hauptgebäude der Universität. Danach wurde er als Museum Vaterländischer Altertümer genutzt, bis er im Zweiten Weltkrieg zerstört wurde. Der Universität blieben die Farben lila-weiß, die Lieblingsfarben der Zarin, die sie den Kieler Studenten stiftete.

Als aufgrund des Vertrages von Zarskoje Selo 1773 das Herzogtum Holstein-Gottorf von Russland abgetreten wurde und Kiel fortan sowohl zu Deutschland als auch zu Dänemark gehörte, wurde die Christian-Albrechts-Universität nicht nur die nördlichste Universität des Heiligen Römischen Reiches, sondern auch die südlichste des Dänischen Gesamtstaates und zugleich ein kulturelles Zentrum für die Herzogtümer und die Königreiche Dänemark und Norwegen.

In dieser Tatsache ist auch begründet, dass die Kieler Universität und ihre mehrheitlich deutsch gesinnten Professoren und Studenten zwischen 1815 und 1848 als geistiges und zugleich politisches Zentrum der Herzogtümer eine bedeutsame Rolle spielten in den nationalstaatlichen Auseinandersetzungen zwischen Deutschen und Dänen. Dazu zählten so bekannte Gelehrte wie Friedrich Christoph Dahlmann, Niels Nikolaus Falck, Georg Waitz und Gustav Droysen. In Kopenhagen betrachtete man voller Argwohn die politische Stimmung an der zweitgrößten dänischen Universität in Kiel. In patriotischen dänischen Kreisen kursierte der Witz: „Lüge ist auch eine Wissenschaft, sprach der Teufel. Er studierte in Kiel."

Nach dem Krieg von 1848–1851 erlebte die Universität durch die Ausweisung und den Weggang vieler Professoren und auch Studenten vorübergehend einen herben Bedeutungsverlust.

Das Siegel der Hochschule mit dem lateinischen Leitspruch „Pax optima rerum" ist in der Eingangshalle des Audimax am Westring ausgestellt.

13 1695 Wo ist denn hier ein Schloss? – Eine Eiche ist Zeugin

„Wo ist denn hier ein Schloss?“, fragen sich sicher manche Touristen, und das zu Recht. Von dem Kieler Schloss, einstmals einem der bedeutendsten Bauwerke der Renaissance in Schleswig-Holstein, ist nichts mehr zu sehen. 1944 wurde es bis auf den so genannten Rantzaubau vollständig zerstört. Erhalten geblieben dagegen ist der dazugehörige Schlossgarten.
Zum Schutz der Siedlung war bei der Stadtgründung auf der steilen Moränenkuppe der heutigen Altstadtinsel am einzigen schmalen nördlichen Landzugang eine Burg errichtet worden. Von dieser mittelalterlichen Burg ist nichts mehr vorhanden. Im 16. Jahrhundert wurde die Burg zum Schloss im Stil der Renaissance ausgebaut. In der Folgezeit wurde das Schloss mehrmals umgebaut und erweitert.

Der Schlossgarten, im 16. Jahrhundert wie das Schloss im Renaissancestil gestaltet, wandelte sich auf Veranlassung von Herzogin Friederike Amalie von Schleswig-Holstein-Gottorf 1695 zu einem prachtvollen Barockgarten. Friederike Amalies Mann, der Universitätsgründer Christian Albrecht, war ein Jahr zuvor gestorben, und sie zog sich auf das Kieler Schloss zurück, das zu einer Neben- und Witwenresidenz geworden war. Die Herzoginwitwe ließ das sanierungsbedürftige Gebäude aufwändig restaurieren und von dem Architekten Dominicus Pelli einen neuen Westflügel, den heutigen Rantzaubau, hinzufügen. Durch Friederike Amalie wurde das Kieler Schloss wieder zu einem kulturellen Zentrum.
Es folgten auch Phasen der Verwahrlosung des Schlossparks, bis sich mit der Aufklärung im 18. Jahrhundert allmählich eine neue Gartenkonzeption entwickelte. Im Gegensatz zum französischen Barockgarten sollte ein englischer Garten durch unterschiedliche und abwechslungsreiche Elemente wie eine natürliche Landschaft erscheinen. Im 19. Jahrhundert vollzog sich die Umwandlung des Schlossgartens in einen solchen romantischen englischen Landschaftsgarten, mittendrin seit 1896 das Reiterstandbild Kaiser Wilhelms I.
Nach dem Zweiten Weltkrieg wurde ein Teil des Gartens als Parkplatz missbraucht. Schließlich setzten erfolgreiche Bemühungen ein, dem Schlossgarten seine ursprüngliche Gestalt zurückzugeben. Der Park erscheint heute wieder in altem Glanz.
Die 400-jährige Eiche unterhalb des Schlossgebäudes ist Zeugin aller Verwandlungen dieses Gartens. Sie wurde wohl an der Wende vom 16. zum 17. Jahrhundert gepflanzt und hat den Schlossgarten noch als Renaissancepark erlebt. Trotz aller Widrigkeiten, denen Stadtbäume ausgesetzt sind, wie Luftverschmutzung, Versiegelungsmaßnahmen oder Baumaßnahmen hat diese Eiche ihr so hohes Alter erreicht. Sie ist ein wahres Naturdenkmal.

14 1702 Ein Alt-Bürgermeister lädt zum Klönschnack – Asmus Bremer

Da sitzt er: Asmus Bremer, der im frühen 18. Jahrhundert Bürgermeister von Kiel war, sitzt mitten unter uns auf einer Bank auf dem Platz, der nach ihm benannt ist. Wir können uns neben ihn setzen, und nach einiger Zeit kann es sein, dass wir ihn tatsächlich hören, dass er zu erzählen anfängt, über alte Zeiten, in denen er Kiel erlebte:

„Ich bin ein echter Kieler Jung. Aus Kiel bin ich nie weggekommen. Ich bin hier geboren und zur Schule gegangen. 1670 habe ich angefangen, an der hiesigen Universität, die gerade erst gegründet worden war, Jura zu studieren. Ich bin ziemlich stolz darauf, einer der ersten Studenten gewesen zu sein. Nach meinem Examen habe ich mich als Anwalt in meiner Heimatstadt niedergelassen. Schließlich wurde ich Richter am städtischen Niedergericht, 1688 sogar Ratsherr und als Krönung meiner Laufbahn 1702 Bürgermeister. In einem jährlichen Rhythmus wechselte ich mich mit Michael Pauli ab. Leider fiel ich beim Herzog Karl Friedrich in Ungnade, warum, weiß ich auch nicht. Jedenfalls enthob er mich des Amtes, aber 1713 wurde ich nach Paulis Tod doch wieder als Bürgermeister eingesetzt.

Mein Lebensziel war es, Kiel zu einer wirtschaftlich starken Stadt, zu einem Handelsknotenpunkt zu machen. Das hieß vor allem, die Bedeutung des Hafens zu fördern. In dem Zusammenhang war mir natürlich vor allem der Kieler Umschlag wichtig. Aber in Wahrheit gehörte meine geheime Leidenschaft der Stadtgeschichte. Deshalb betreute ich auch persönlich das Stadtarchiv. Aus den Aufzeichnungen, die ich dort vorfand, erarbeitete ich mein „Chronicon Kiliense tragicum-curiosum" (tragisch-kuriose Chronik von Kiel). Darin sammelte ich alles, was sich an wichtigen Ereignissen, an Unglücksfällen und Verbrechen, an Rechtsstreitigkeiten und Hinrichtungen in Kiel seit dem 15. Jahrhundert so abgespielt hatte. Außerdem nahm ich Urkunden und Akten aus den Anfangsjahren der Stadt auf. Ich glaube, es ist ein ganz interessantes Werk geworden.

Verheiratet war ich mit meiner lieben Dorothea Catharina Clausen. Ich würde unsere Ehe glücklich nennen. Wir hatten vier Töchter und einen Sohn, der leider blind war. Unglück hatten wir auch mit zwei Töchtern. Eine war geistig krank, eine andere starb früh."

Asmus Bremer starb am 31. Juli 1720 in Kiel. Er muss vor 1652 geboren worden sein, bevor das Taufregister an der Kieler Nikolaikirche geführt wurde, in dem er nicht auftaucht. Asmus Bremer und seine Frau sind immer noch Symbolfiguren des Kieler Umschlags, des Volksfestes im Februar jedes Jahres. Beide werden zum Beginn des Kieler Umschlags aus ihrem Schlaf geweckt, und die Umschlagsfahne, des „Börgermester sin Büx", wird an der St.-Nikolai-Kirche gehisst. Laut wird an die Tür des Warleberger Hofes geklopft, Fanfarentöne und Rufe nach dem Alt-Bürgermeister sind zu hören. Kurz danach öffnen Asmus Bremer und seine

Frau das Fenster und werfen Kamelle auf das versammelte Volk. Es ist wieder Kieler Umschlag, und Asmus Bremer ist wieder da.
Anlässlich des Kieler Umschlags 1976 wurde der Platz zwischen Holstenstraße und Fleethörn nach Asmus Bremer benannt. 1982 wurde die Skulptur des sitzenden Alt-Bürgermeisters eingeweiht.

15 1758 Vom Porzellanersatz zum Kunstwerk – Die Kieler Fayencemanufaktur

Fayencen aus Kiel? Noch nie gehört. Wann soll das denn gewesen sein?
Tatsächlich existierten zwischen 1758 und 1772 vier Manufakturen in Kiel, die Fayencen herstellten. Fayencen sind mit einer weißen Zinnglasur überzogene Tonwaren, die aussehen wie aus Porzellan. Die Fayenceproduktion erreichte im 18. Jahrhundert allerorten einen Höhepunkt. Vor allem in den höheren Gesellschaftsschichten wurden neuartige Trinkgefäße für Heißgetränke wie Kaffee, Tee und Schokolade benötigt. Porzellan aber war so teuer, dass sich nur sehr wenige eine Anschaffung leisten konnten. Die glasierten Fayencen aus heimischem Ton, Mergel und Sand dagegen waren ein geeigneter Ersatz, der allerdings auch keineswegs billig war und nur von wohlhabenden Bürgerlichen und Adeligen genutzt wurde.
Vom April 1758 liegt eine Genehmigung des Magistrats für die Eröffnung einer „Ofen- und Porzellan-Fabrik" vor. Ob die Manufaktur jemals die Arbeit aufgenommen hat, ist unklar. Vielleicht verhinderte die starke Konkurrenz der Töpfer die Neugründung. 1759 wurde zum zweiten Mal ein Privileg erteilt zur Fayenceproduktion, insbesondere zur Herstellung von Fayenceöfen, was die konkurrierenden Ofensetzer auf den Plan rief. Diese Manufaktur wurde schon 1760 wieder geschlossen. Eine dritte Fayencemanufaktur des Porzellanfabrikanten Johann Tobias Kleffel produzierte von 1762 bis 1763, schloss den Betrieb allerdings, als eine weitere Manufaktur in Kiel genehmigt wurde.
Als bedeutendste ist diese von Herzog Georg Ludwig von Schleswig-Holstein-Gottorf, einem Onkel des russischen Zaren Peter III., gegründete „Vierte Kieler Fayencemanufaktur" anzusehen, die auf einem Grundstück weit vor den Toren der Stadt errichtet wurde. Spezialisten wie Töpfer, Brennmeister, Glasierer und Maler wurden angeworben. In diesem arbeitsteilig organisierten handwerklichen Großbetrieb wurden von 1763 bis 1772 sehr schöne Fayencen hergestellt. In die Produktion gingen Teller, Tassen, Kannen, Schüsseln und Terrinen, auch Vasen und Kachelöfen. Besonders häufige Motive auf den Kieler Fayencen waren Blumen, große Blüten und Blätter. Zu den Kunden der Manufaktur und den Käufern der hochwertigen Fayencen zählten reiche Kieler Bürger und die adeligen Gutsherren der Umgebung. Nach dem Porzellanmaler Johann Samuel Friedrich Tännich war ab 1769 Johann Georg Buchwald der äußerst erfolgreiche Leiter der Manufaktur. Als er 1771 zur Stockelsdorfer Fayencemanufaktur wechselte, stellte die Kieler Manufaktur den Betrieb ein. Weil das Porzellan immer preiswerter hergestellt werden konnte, ging überall die große Zeit der Fayencen zu Ende.
Die in Kiel geschaffenen Fayencen, von denen etwa 200 erhalten sind, zeigen eine überzeugend hohe Qualität. Eine Spezialität der Kieler Fayencemanufaktur war die so genannte

Potpourrivase, keine Vase für frische Blumen, sondern für ein Potpourri aus getrockneten Blumen und Kräutern als Duftspender. Eine solche Potpourrivase ist im Stadtmuseum Warleberger Hof zu bewundern.

16 1762 Ein Kieler Jung als Zar – Peter III.

Unglaublich: Ein Kieler Jung sollte Zar von Russland werden. Im Februar 1742 war es soweit. Man trat die Reise von Kiel nach St. Petersburg an. Ein eisigkalter Winter und hohe Schneemassen machten die Reise zum Abenteuer, jedenfalls für den 13-jährigen Jungen, der voller Spannung den Schlitten bestieg. Carl Peter Ulrich war am 21. Februar 1728 als Sohn der Zarentochter Anna Petrowna und des Herzogs Karl Friedrich von Holstein-Gottorf, der Kiel zu seiner Residenz erhoben hatte, in Kiel geboren worden, war im Kieler Schloss aufgewachsen. Früh machte er „Karriere“: Bereits als Vierjähriger wurde er Schützenkönig der Brunswiker Gilde. Seine Zukunftsaussichten waren immer schon prächtig gewesen: Er würde Herzog von Holstein werden und hatte auch Ansprüche auf den schwedischen Thron. Nun aber zeichnete sich eine noch viel glänzendere Perspektive ab: Er sollte Nachfolger seiner kinderlosen Tante werden, der Zarin Elisabeth von Russland, einer Schwester seiner früh verstorbenen Mutter und wie diese eine Tochter Peters des Großen.

In St. Petersburg angekommen, wurde der Zarewitsch von einer jubelnden Menschenmenge empfangen und im Winterpalast der russischen Herrscher gebührend gefeiert. Der Prunk seiner neuen Umgebung ließ kein Heimweh nach dem deutlich einfacheren Leben in Kiel aufkommen.

Das angenehme Leben aber war keineswegs beständig. Überall lauerten Gefahren für den jungen Thronfolger. Aufstände bedrohten die Zarenherrschaft und somit auch den Zarewitsch. Den Vergnügungen des Hofes entzog sich der junge Mann, wo er konnte. Viel lieber las er und bildete sich weiter. Neben seiner deutschen Muttersprache sprach er Französisch, Schwedisch und Latein. Mit dem Russischen blieb er auf dem Kriegsfuß.

Der entscheidende Wendepunkt in seinem Leben trat 1745 ein. Pjotr Fjodorowitsch, wie er nun hieß, wurde mit der deutschen Prinzessin Sophie Auguste Frederike von Anhalt-Zerbst verheiratet. Die Verbindung hatte der preußische König Friedrich der Große eingefädelt, der sich dadurch politische Vorteile erhoffte. Diese Eheschließung aber wurde dem jungen Prinzen zum Verhängnis. Die

Ehe wurde eine einzige Katastrophe. Seine Gemahlin Katharina, wie sie sich nun nannte, entpuppte sich als ehrgeizige Konkurrentin, als Peter Ulrich, nun Zar Peter III., nach dem Tod seiner Tante Elisabeth am 5. Januar 1762 den Thron bestieg.

Zarengattin Katharina setzte alles daran, erst recht nach seinem Tod, Peter III. in ein schlechtes Licht zu rücken. Sie stellte ihn als infantilen Trunkenbold und Dummkopf dar. War dieser Zar nun wirklich ein Scheusal und Taugenichts, oder war er vielmehr ein aufgeklärter Herrscher? Mit Preußen schloss er schnell Frieden, gegen Dänemark ging er aufgrund seiner starken Bindung an sein Stammherzogtum Holstein auf Konfrontationskurs. In jedem Fall ist sicher, dass er eine Reihe von tiefgreifenden Reformen durchsetzte, zum Beispiel in Bezug auf Religionsfreiheit, Bauernbefreiung, Abschaffung der Todesstrafe und Bildungspflicht für alle Kinder. Über zweihundert Reformen soll er auf den Weg gebracht haben. Allerdings machte er sich gerade dadurch auch viele Feinde im russischen Adel. Katharina und ihre Verbündeten schafften es, den Zaren zur Abdankung zu zwingen. Er wurde festgesetzt und kurze Zeit später im Juli 1762 ermordet. Ungeklärt blieb die Beteiligung Katharinas am Tod Peters. Sie ging unbeschadet davon als Katharina die Große in die Geschichte ein.

Zar Peter III. erfuhr in seiner Heimatstadt Kiel eine späte Ehrung. Vor seinem Geburtsort, dem Kieler Schloss, steht nun auf Initiative des Kieler Zarenvereins ein bronzenes Denkmal, das der russische Bildhauer Alexander Taratynow schuf. Ein Porträt eines unbekannten Künstlers, das den jungen Carl Peter Ulrich von 1746 zeigt, hängt in der Galerie vor dem Ratssaal des Kieler Rathauses.

17 1775 Bürgerstolz statt Adelsmacht – Das Schweffelhaus

Über dreihundert Jahre verblieb die Ausdehnung der Stadt Kiel in den alten Stadtgrenzen. Erst im 16. Jahrhundert begann nach zaghafter Bevölkerungszunahme die Besiedlung außerhalb der Stadtmauern in südlicher Richtung. Die so genannte Vorstadt entstand. So wurde die Straße getauft, die vom Holstentor nach Süden führte, an der entlang die ersten Häuser errichtet wurden. Die Besiedlung blieb aber nicht nur auf diese Straße begrenzt, sondern dehnte sich in unregelmäßiger Bebauung in verschiedene Richtungen aus. Die Bewohner der Vorstadt hätten in einem Kriegsfall in der Altstadt Schutz suchen müssen. Erst 1783 wurden die Stadttore abgerissen. Aber erst als auch die eisernen Pforten verschwanden, war die ungestörte Verbindung zwischen Altstadt und Vorstadt möglich.
Im 18. Jahrhundert verzeichnete Kiel ein Bevölkerungswachstum ausschließlich in der Vorstadt. Kiel war in Quartiere eingeteilt. Die Quartiere 2 bis 4 lagen in der Altstadt, das erste Quartier, das mittlerweile auch das größte war, bezeichnete die Vorstadt. Weil die Hauptachse nach Süden, nach Hamburg und zu den Märkten führte, siedelten sich in der Vorstadt vor allem Schlachter, Gerber und Fuhrleute an, auch Sattler und Riemer, die für ihr Gewerbe auf das Wasser der nahen Teiche wie des Ziegelteichs angewiesen waren.
Der neue Stadtteil wurde immer wichtiger für Kiel. Hier entstand das erste Waisenhaus aufgrund der Stiftung des Friedrich Gabriel Muhlius, das erste akademische Krankenhaus an der Prüne und der Botanische Garten, nach dem Bau der Eisenbahnstrecke Kiel-Altona 1844 der erste Kieler Bahnhof. 1860 lebten schon fast 60 % der Kieler in der Vorstadt.
Mit der Zeit siedelten sich auch wohlhabendere Kieler, Kaufleute und Handwerker, in diesem Stadtteil an. Das größte Haus erbaute sich 1775 der Gewürzkaufmann Johann Schweffel, der 1747 sein Unternehmen in Kiel gegründet und es zu großem wirtschaftlichen Erfolg gebracht hatte. Der angesehene Handelsherr war Mitglied der Stadtvertretung, und 1775 wurde er zum Ratsherrn ernannt. Das nach ihm später benannte Schweffelhaus lag quer zur heutigen Holstenstraße, die es quasi nach Süden abriegelte. Es handelte sich um ein zweigeschossiges im spätbarocken Stil gestaltetes Bürgerhaus mit Mansardenwalmdach, das als eines der schönsten Bürgerhäuser des alten Kiel gelten darf. Schweffels Enkel Johann Schweffel III. gründete 1838 zusammen mit August Howaldt die Maschinenfabrik und Eisengießerei Schweffel & Howaldt.
Für die werdende Großstadt Kiel war der alte Bahnhof am Ende des 19. Jahrhundert viel zu klein geworden, so dass ein neuer Bahnhof 1899 eingeweiht wurde, der den großstädtischen Ansprüchen genügte. Das Sophienblatt mauserte sich zur großzügigen Verbindungsachse zwischen dem neuen Bahnhof und der Altstadt. Repräsentationsbauten säumten die

Straße wie das moderne Geschäftshaus Sophienhof und das elegante Hansa-Hotel. Den neuen Bedürfnissen musste die Straßenführung angepasst werden. Die Holstenstraße sollte bis zum Ziegelteich durchgängig gestaltet werden, so dass die Straße „Klinke" weichen musste und mit ihr das Schweffelhaus. 1907 wurde es abgerissen. Teile der prächtigen Innenausstattung wurden im Thaulow-Museum ausgestellt, dem an der Ecke Sophienblatt/Ziegelteich 1878 errichteten Schleswig-Holsteinischen Landesmuseum, das im zweiten Weltkrieg stark zerstört und 1948 abgerissen wurde. Nachfolger ist das schleswig-holsteinische Landesmuseum für Kunst und Kulturgeschichte im Schloss Gottorf in Schleswig, in dem die umfangreiche Sammlung des Thaulowmuseums Aufnahme fand. Ein Modell des stolzen Bürgerhauses befindet sich im Stadtmuseum Warleberger Hof.

18 1776 „Jedes Kind ist etwas Einzigartiges." – Das Waisenhaus des Friedrich Gabriel Muhlius

Wenn man um das Jahr 1800 an der Ecke vom Kleinen Kuhberg zur heutigen Rathaus-, Treppen- und Waisenhofstraße anlangte, fand man sich unversehens vor dem ersten Kieler Waisenhaus wieder. Über dem Eingangsportal des Hauses stand auf schwarzem Schild mit goldenen Buchstaben „Das Muhlische Waysen-Hauß". Friedrich Gabriel Muhlius war großfürstlicher Geheim- und Konferenzrat, ein zu erheblichem Vermögen gekommener Mann, Besitzer des großen stadtnahen Gutshofes, des Damperhofes, dessen Ländereien vom Exerzierplatz bis an den Kleinen Kiel reichten. Der Damperhof trug seinen Namen nach dem Gut Damp der Margarethe Hedwig von Ahlefeld, die 1697 diese Ländereien in Kiel erworben hatte. Als Muhlius 1776 kinderlos verstarb, hinterließ er seiner Heimatstadt die Damperhofländereien und verfügte in seinem Testament die Gründung eines Waisenhauses in seinem Wohnhaus, dem Herrenhaus des ursprünglichen Damperhofs.

Zu Muhlius' Zeit lebten viele Waisenkinder in großer Armut und in erbarmungswürdigen Verhältnissen. Vor allem fanden sie oft keinen familiären Rückhalt und hatten keine vertrauten Bezugspersonen. Eine Schulausbildung erhielten sie in der Regel gar nicht. Das Waisenhaus sollte nach dem Willen seines Stifters angesichts dieses sozialen Elends in den Armenvierteln Waisenknaben aufnehmen und ihnen ein neues Zuhause geben.

Die großen Gartenflächen des ehemaligen Damperhofes wurden von den Waisenjungen selbst bearbeitet, um die Versorgung des Waisenhauses mit allerlei Gemüse und Kartoffeln sicherzustellen. Für den Spargel, das Baumobst und die Erdbeeren hatte Muhlius verfügt, dass sie zu verkaufen seien, um als Einnahmequelle für das Waisenhaus zu dienen.

Im Eingangsbereich hing eine große Tafel, die die Erziehungsziele des Waisenhauses nannte: „Jedes Kind ist etwas Einzigartiges. Ihm steht deshalb eine individuelle Pflege und Behandlung zu. Damit sie eine freie Persönlichkeit entwickeln können, werden die Kinder und Jugendlichen in Freiheit erzogen. Der Mensch hat die Fähigkeit, sich zum ‚Guten' zu entscheiden oder aber seine Neigungen zum ‚Bösen' auszuleben. Die Erlösung zum ‚Guten' kann nur durch den christlichen Glauben geschehen."

Die jüngsten der zwanzig Waisenknaben, die aufgenommen wurden, hatten mit fünf Lebensjahren das Mindestalter für die Aufnahme im Waisenhaus. Die Ältesten mussten mit fünfzehn Jahren nach der Konfirmation das Waisenhaus verlassen, um anschließend eine Berufsausbildung zu beginnen. Bei der Vermittlung einer Lehrstelle war das Waisenhaus meist behilflich. Das Ziel der Erziehung im Muhlius'schen Waisenhaus war es, den Jungen eine Zukunftsperspektive zu geben, die sie ansonsten nicht hätten, und sie dazu zu befähigen, ihren Platz im ohnehin harten Leben zu finden und vor allem auf eigenen Füßen zu stehen. Sie sollten in die Gesellschaft, vor allem in die christliche Gemeinschaft aufgenommen werden. Die zentralen Elemente dieser Erziehung waren daher Unterricht, Vorbereitung auf eine Berufsausbildung, Gottesdienst und Leben in der Gemeinschaft. Das Leben der Jungen bestand aus Lernen, Arbeiten im Haus und gemeinsamem Feiern. Das sollte in einer Atmosphäre der strengen Disziplin, aber auch der Geborgenheit geschehen.

Mitte des 19. Jahrhunderts wurde das Gebiet der Damperhofländereien als Wohngebiet erschlossen, und es entstanden die rechtwinklig angelegten Straßen Bergstraße, Legienstraße, Gartenstraße, Muhliusstraße und Lorentzendamm.

Eine Bronzebüste zu Muhlius' Gedenken, die der Berliner Bildhauer Eduard Lürssen 1867 geschaffen hatte, steht, meist durch dichtes Laub nahezu verdeckt, an der Bergstraße.

19 1784 Welch ein Ausblick! – Der Hirschfeldblick

Ein Blick auf die Förde, das ist in Kiel besonders beliebt; und es gibt viele Orte mit einem schönen Blick auf das Wasser. Dieser ist einer der schönsten, der so genannte Hirschfeldblick.

Der gebürtige Eutiner Pastorensohn Christian Cay Lorenz Hirschfeld (1742–1792) wurde nach seinem Studium in Halle und Kiel 1770 von Zarin Katharina der Großen, durch ihren Mann Zar Peter III. zugleich Herzogin von Holstein-Gottorf, als Professor der Philosophie, Ästhetik und Kunstgeschichte an die Christian-Albrechts-Universität zu Kiel berufen. Neben seinen Vorlesungen zu Literatur, Kunst und Universalgeschichte hielt er dort auch Veranstaltungen zur Gartenkunst und Pomologie (Obstbaumkunde) ab. Auf verschiedenen Reisen durch Dänemark, Deutschland und die Schweiz sammelte er Eindrücke für seine Studien zur Gartenkunde. Vor allem die Landschaften seiner Heimat im Ostholsteinischen Hügelland und die Ufer der Kieler Förde prägten seine Auffassung vom idealen Garten.

Internationale Anerkennung erfuhr Christian Hirschfeld für seine theoretischen Abhandlungen zur Gartenkunst, wie die „Anmerkungen über die Landhäuser und die Gartenkunst" (1773) und vor allem sein fünfbändiges Standardwerk „Theorie der Gartenkunst" (1779 – 1785), das sowohl auf Deutsch als auch auf Französisch erschien. Im Geist der Aufklärung propagierte er darin die Konzeption der englischen Landschaftsgärten, die die französischen Barockgärten ablösen sollten. Christian Hirschfeld gilt als bedeutendster Theoretiker der Gartenkunst im 18. Jahrhundert und maßgeblicher Förderer des romantischen Landschaftsgartens, dessen Vorstellungen von der Gartenkunst als Kunstgattung, die dem Grundrecht der Menschen auf ein ästhetisches Naturerlebnis entsprechen solle, enormen Einfluss auf die Gartengestaltungen des 19. Jahrhunderts hatten.

Auf seine Anregung hin wurde 1784 eine Fruchtbaumschule zur Zucht von Obstbäumen in Düsternbrook gegründet, mit deren Leitung Hirschfeld selbst beauftragt wurde. Am 20. Februar 1792 starb Christian Hirschfeld in Kiel. 1829 wurde die Fruchtbaumschule privatisiert, 1896 wurde der Betrieb eingestellt. Schon seit 1822 wurde der auf Hirschfelds Grundstück gelegene Aussichtspunkt hoch über der Kieler Förde „Bellevue", also „schöne Sicht", genannt. Später wurde hier eine Gaststätte eröffnet.

Kurz nach Hirschfelds 200. Todestag wurde 1993 die Grünanlage in der Nähe seines ehemaligen Wohnsitzes „Hirschfeldblick" genannt. Zugleich wurde eine Gedenkplatte in den Boden eingelassen mit folgender Inschrift: „Zur Erinnerung an Christian Cay Lorenz Hirschfeld. 1742 – 1792. Professor der Schönen Wissenschaften und der Philosophie an der Christian-Albrechts-Universität zu Kiel. Seiner ‚Theorie der Gartenkunst' verdanken wir das Ideal na-

turnaher Landschaftsgestaltung. Er entdeckte die Reize der Kieler Fördelandschaft und gründete auf dem Gelände bei Bellevue die Düsternbrooker Fruchtbaumschule. Im Geiste der Aufklärung lehrte er, das Schöne mit dem Nützlichen zu versöhnen."

20 1793 Hilfe zur Selbsthilfe – Die Gesellschaft Freiwilliger Armenfreunde

Arbeitslosigkeit, Altersarmut, zunehmende Kinderarmut – diese Probleme gab es bereits im 18. Jahrhundert, und es wurde immer deutlicher, dass die Stadt Kiel diesen Phänomenen kaum etwas entgegenzusetzen hatte. Die Armut hatte gegen Ende des Jahrhunderts sogar noch zugenommen, und Bettler gehörten zum alltäglichen Bild in der Stadt. Trotz verschiedenster Anstrengungen, zum Beispiel durch die Einrichtung einer Armenkasse, konnten die städtischen Behörden die vielen sozialen Probleme offenbar allein nicht lösen und nicht genügend finanzielle Mittel aufbringen.

Der Kieler Forstwissenschaftler Professor August Christian Heinrich Niemann war ein überzeugter Verfechter der Gedanken der Aufklärung. Er verfügte durch seine Lehrtätigkeit an der Universität und als Leiter der Königlich-Dänischen Forstlehranstalt in Kiel auf dem Gelände der heutigen Forstbaumschule über vielfältige Verbindungen. So konnte er mehrere gebildete und wohlhabende Kieler Bürger 1793 dazu animieren, seine Idee zu unterstützen und eine Gesellschaft zu gründen, die sich zu ihrer sozialen Verantwortung gegenüber dem ärmeren Teil der Kieler Bevölkerung bekannte.

Die Mitglieder der „Gesellschaft freiwilliger Armenfreunde" kümmerten sich freiwillig und unentgeltlich um die Probleme der Armen in Kiel. Nicht allein christliche Nächstenliebe war der leitende Gedanke, sondern vor allem gesellschaftliches Pflichtgefühl, ein sicheres soziales Netz für Menschen in Not schaffen zu müssen und ihren weiteren sozialen Abstieg zu vermeiden. Die Beiträge der Mitglieder dieser Gesellschaft ermöglichten zwar finanzielle Unterstützung für Miete, Kleidung und Lebensmittel. Ziel war aber vor allem die Hilfe zur Selbsthilfe. Man versuchte nicht nur, die Armut zu bekämpfen, sondern ihr zugleich vorzubeugen, allen arbeitsfähigen Armen Arbeit oder möglichst eine handwerkliche Ausbildung zu verschaffen, Arbeitsunfähige zu unterstützen, Kranke kostenlos zu betreuen, für Schulunterricht in der Freischule in der Schuhmacherstraße zu sorgen und die Bedürftigen dazu anzuhalten, sich bei der eigens dafür geschaffenen Spar- und Leihkasse einen Notgroschen als Vorsorge für den Krankheitsfall, für Arbeitslosigkeit und das Alter anzusparen. Diese Kieler Spar- und Leihkasse vergab auch Kredite im Falle eines konkreten Notfalles. Gegründet am 1. Juli 1796 in der Schuhmacherstraße 18 war sie eine der ältesten deutschen Sparkassen überhaupt und entwickelte sich im Laufe des 19. Jahrhunderts zu einem bedeutenden Geldinstitut.

August Niemann war mehrfach Wortführer der „Gesellschaft freiwilliger Armenfreunde" und blieb bis zu seinem Tod 1832 für dieses große karikative Werk engagiert. Daran erinnern der nach ihm benannte Niemannsweg und eine Stele an der Ecke zum Schwesterngang.

AUG. CH. H. NIEMANN
30. I. 1761 – 21. V. 1832
SEIT 1791 PROFESSOR AN
DER UNIVERSITÄT-KIEL
„DER BESS'REN ZUKUNFT
WEIHT' ER SEINE TAGE"
DIESE INSCHRIFT SETZTEN
SEINE SCHÜLER AUF
SEINEN GRABSTEIN
AUF DEM ST. JÜRGEN
FRIEDHOF IN KIEL
IHREM GRÜNDER
IN DANKBARKEIT
DIE GESELLSCHAFT
FREIWILLIGER ARMEN
FREUNDE UND DIE
KIELER SPAR= UND
LEIHKASSE ÷ 1965

21 1806 Ein Musenhof an der Kieler Förde – Der Jahnsche Hof

Nicht nur Weimar, auch Kiel hatte einen Musenhof! Als solchen bezeichnet man gemeinhin den Hof eines Fürsten, der gerne bedeutende Menschen, vor allem Künstler um sich versammelt. Der berühmteste Musenhof war sicherlich der Hof der Herzogin Anna Amalia von Weimar, zu dessen Mitgliedern Goethe, Wieland und Herder gehörten. In Kiel dagegen haben wir es mit einem Musenhof kleineren Kalibers zu tun, mit einem bürgerlichen „Musenhof", als Ausdruck neuen bürgerlichen Selbstverständnisses.

In der Biedermeierzeit entwickelte sich in Kiel als rechter Musenhof der über die Stadtgrenzen berühmte Jahnsche Hof, der Wohnsitz des Advokaten und Stadtsyndicus Jakob Jahn, den dieser 1806 erworben hatte. Der ehemalige Gutshof war ausgesprochen idyllisch gelegen direkt am Wasser des Kleinen Kiel, der zu der Zeit ungeteilt die Altstadt umfloss und mit kleinen Booten befahrbar war, und stellte ein Anwesen aus einem Komplex von mehreren ein- bis dreigeschossigen Bauten dar, die drei Flügel um einen Hof bildeten, mit einem hohen Fachwerkbau als Haupthaus und mehreren Nebengebäuden. Der Jahnsche Hof lag in der Kieler Altstadt, in der Küterstraße 17. Das Gebäude wurde bereits 1895 abgebrochen. Heute steht auf dem Grundstück das Hochhaus der HSH Nordbank.

Aus den Lebenserinnerungen von Julie Michaelis, geborener Jahn, erfährt der Leser Wissenswertes über dieses gastfreundliche und kulturell bedeutende Haus, in dem bedeutende Persönlichkeiten des frühen 19. Jahrhunderts ein- und ausgingen, Dichter, Musiker und bildende Künstler, zum Beispiel der berühmte dänische Bildhauer Berthel Thorvaldsen, der Jahns ältesten Sohn Adolph in Rom in der Bildhauerei unterrichtete. Der Jahnshof war vor allem in der Zeit der schleswig-holsteinischen Erhebung immer auch ein Ort des demokratischen politischen Austausches.

Julie Michaelis war mit dem Mediziner und Geburtshelfer Gustav Adolf Michaelis verheiratet. Der 13-jährige, in Harburg geborene Gustav Adolf wurde nach dem frühen Tod seines Vaters von Verwandten in Kiel aufgenommen, besuchte die Kieler Gelehrtenschule und studierte ab 1817 in Göttingen Medizin. Nach seiner Promotion kehrte er 1820 nach Kiel zurück, musste aber, um sich hier niederlassen zu dürfen, als „Ausländer" sein Examen und die Doktorprüfung wiederholen. 1828 heiratete Michaelis Julie Jahn. Ab 1836 leitete er die Geschäfte der Kieler Hebammenlehranstalt, aus der die Universitäts-Frauenklinik hervorging. Michaelis galt als einer der bedeutendsten Gynäkologen seiner Zeit und einer der wenigen Geburtshelfer, der erkannte, dass die Missachtung der notwendigen Hygiene den Tod vieler Frauen verursachte. Im Gefühl seiner Ohnmacht gegenüber dieser Tatsache stürzte er in eine

tiefe Depression, in deren Folge er sich 1848 das Leben nahm. Sein Sohn, der 1835 in Kiel geborene Adolf Michaelis, war ein wichtiger klassischer Archäologe.
Der Jahnshof, der zeitweise an Professorenfamilien vermietet wurde, wurde in seiner vielfältigen Geschichte 1858 zur Geburtsstätte einer weltberühmten Persönlichkeit mit Kieler Wurzeln, des Nobelpreisträgers Max Planck.
1861 wurde im Jahnschen Hof die erste Kieler Höhere Mädchenschule gegründet, aus der sich nach mehrfachem Orts- und Namenswechsel die heutige Ricarda-Huch-Schule entwickelte.
Der von Adolph Jahn gestaltete Gedenkstein für die Familiengrabstätte auf dem im Zweiten Weltkrieg zerstörten St.-Jürgen-Friedhof dient heute in der Halle der Kieler Gelehrtenschule als Gedenktafel für die Opfer des Krieges.

22 1808 Einladung zum Tee – Der Marientempel im Düsternbrooker Gehölz

Wie wär's mit einer Tasse Tee im gediegenen klassizistischen Teehaus der dänischen Königin? Im Düsternbrooker Gehölz war das möglich.

Marie Sophie Friederike von Hessen-Kassel (1767–1852), Tochter des Landgrafen Karl von Hessen-Kassel, heiratete 1790 ihren Cousin Kronprinz Friedrich von Dänemark (1768–1839), den späteren König Friedrich VI., und wurde 1808 Königin von Dänemark. Die Herzogtümer Schleswig und Holstein waren in dieser Zeit Teil des dänischen Gesamtstaates. Der dänische Kronprinz Friedrich und seine Frau Marie Sophie Friederike wählten 1805 das Kieler Schloss zu ihrer Residenz.

Das Düsternbrooker Gehölz war ein besonders beliebtes Ausflugsziel der Kieler Bürger. Um die Fahrt dorthin zu erleichtern, ließ Kronprinz Friedrich 1807 eine befestigte Kastanienallee zwischen der Schlossallee und der heutigen Krusenkoppel anlegen, den Düsternbrooker Weg. Nachdem die Stadt im Frühjahr 1808 ein Grundstück oberhalb von „Kruse sien Koppel" aufgekauft hatte, wurde dort ein Park im englischen Landschaftsstil geschaffen, für den der renommierte dänische Architekt Axel Bundsen (1768–1832) mit dem Bau eines Teepavillons im ionischen Stil eines griechischen Tempels beauftragt wurde. Bundsen hatte bereits die Herrenhäuser in Knoop und Altenhof sowie Villen an der Hamburger Elbchaussee im klassizistischen Stil erbaut. Einige Jahre später schuf Bundsen im selben Stil auch die Seebadeanstalt unterhalb des Düsternbrooker Gehölzes.

Im August 1808 wurde das Teehaus im parkähnlichen Marienhain am Südhang des Gehölzes mit einem herrlichen Blick über die Brunswiker Felder, auf das Schloss, die Stadt und die Förde feierlich eingeweiht und der neuen dänischen Königin Marie Sophie Friederike zum Geschenk gemacht. Die Stadt Kiel wollte damit ihre Dankbarkeit für den Ausbau des Düsternbrooker Weges und ihre Glückwünsche zur Geburt der Prinzessin Wilhelmine zum Ausdruck bringen. Die junge dänische Königsfamilie erfreute sich in Kiel einer großen Verehrung und warmherziger Beliebtheit.

Bei ihren Besuchen in Kiel besuchte das Königspaar regelmäßig den Pavillon. Ob die Königin hier je einen Tee zu sich genommen hat, ist unbekannt. Prinzessin Wilhelmine, die ab 1837 mit ihrem Mann ebenfalls das Kieler Schloss bewohnte, ließ den Pavillon umgestalten. Später schenkte sie der Stadt den „Marientempel" und das Waldgelände mit der Verpflichtung, das Gehölz als Wald und Park zu erhalten. In preußischer Zeit verlor der Ort seine Bedeutung.

Die Nationalsozialisten widmeten den Marientempel zum Ehrenmal für die im Ersten Weltkrieg gefallenen Soldaten um und bauten ihn zu einer Weihehalle um mit ewiger Flamme und Namenstafeln der Gefallenen. Im Zweiten Weltkrieg wurde der Pavillon zerstört und nach dem Krieg vollständig abgetragen. In der Gegenwart ermöglichen nur noch Fundamente, Mauerreste, die alten Buchen und eine Gedenktafel die Erinnerung an diesen idyllischen Ort der dänischen Zeit und dieses gartenarchitektonische Schmuckstück.

23 1811 Ein Däne, der auf ewig in Kiel bleibt – Jens Immanuel Baggesen

„So ging ich am Morgen des 26. Mai nach der angenehmsten Einfahrt in die Kieler Bucht mit innigem Vergnügen als erster an Land – um die schöne Erde wieder zu begrüßen, in deren Hainen die Vögel vor zwei Jahren so viele meiner Leiden weggezwitschert hatten. … Nun bin ich schon den fünften Tag in diesem Paradies, in dessen Mitte ich mir Kiel mit seiner Universität als den Baum der Erkenntnis des Guten und des Bösen vorstelle. Diese recht hübsche Stadt hat eine sehr angenehme Lage, und die Gegend ringsherum ist bezaubernd. … Noch am gleichen Nachmittag machte ich einen Spaziergang von Kiel durch die liebliche Allee am Strand entlang zum bewaldeten Steilufer an der Baumschule Düsternbrook."

So beschrieb Jens Baggesen Kiel in seinem Reisebericht „Das Labyrinth oder Reise durch Deutschland in die Schweiz – 1789".

Der dänische Schriftsteller Jens Immanuel Baggesen, am 15. Februar 1764 in Korsør geboren, war ein leidenschaftlicher Anhänger der Aufklärung. Den Vornamen „Immanuel" nahm Baggesen aus tiefer Verehrung für den Philosophen Immanuel Kant an. Der Sohn aus armem Elternhaus konnte aufgrund von Stipendien in Kopenhagen und Göttingen studieren und veröffentlichte seine Werke, Gedichte, Verserzählungen und Erzählungen, teils auf Dänisch, teils auf Deutsch. In seinem bekanntesten Werk, der Reiseerzählung „Das Labyrinth", beschreibt er seine Eindrücke auf einer Reise von Kopenhagen nach Basel im Jahr der Französischen Revolution 1789.

Wegen seines ruhelosen Lebens, seines sprunghaften Wesens und der Widersprüchlichkeit seines Charakters musste sich Baggesen den Spitznamen „Das Chamäleon" gefallen lassen. Auch wenn er ein schwieriger Zeitgenosse gewesen sein mochte, knüpfte er auf seinen zahlreichen Reisen Verbindungen zu deutschen Geistesgrößen wie Johann Heinrich Voß, Christoph Martin Wieland, Friedrich Klopstock und Friedrich Schiller.

In Kiel weilte Baggesen mehrmals, 1787, 1789 und 1795. Seine erste Frau Sophie von Haller starb nach erst siebenjähriger Ehe 1797 in Kiel. Sie hinterließ ihm die zwei Söhne Carl Albrecht Reinhold und August Ernst.

Von 1811 bis 1813 lehrte Baggesen als erster Professor für dänische Sprache und Literatur an der Christian-Albrechts-Universität in Kiel, der nach Kopenhagen zweitgrößten Universität im Dänischen Gesamtstaat. Er weilte häufig auf den Gütern seiner adeligen Gönner in Süddänemark und Holstein. Diese Verbindungen zu deutschfreundlichen Kreisen wurden ihm in seiner Heimat sehr verübelt. Mit seinem zweisprachigen Werk trat Baggesen ein für das friedvolle Miteinander und den kulturellen Austausch zwischen Deutschland und Dänemark.

Nach dem Tod seiner zweiten Ehefrau und beruflichen Rückschlägen verfiel Baggesen in schwere Depressionen und machte sich rastlos wieder auf die Reise durch Deutschland und Frankreich. Auf der Heimreise starb der Dichter am 3. Oktober 1826 in Hamburg. Es lag nahe, ihn neben seiner ersten Frau in Kiel beizusetzen. Seine Grabstätte befindet sich auf dem Kieler Parkfriedhof Eichhof.

24 1814 In Kiel wird Weltgeschichte geschrieben – Der Kieler Friede

Die Napoleonische Epoche hatte ganz Europa und die europäische Landkarte völlig durcheinandergewirbelt. Nach dem Untergang des französischen Usurpators gingen die Siegermächte an die Arbeit, wieder „Ordnung" herzustellen, die alte Ordnung wohlgemerkt, diejenige vor der französischen Revolution und vor Napoleon. Doch wiederum auch nicht ganz die alte, denn die großen Mächte wollten einige Veränderungen zu ihren Gunsten. Die bekanntesten Verhandlungen darüber fanden beim Wiener Kongress vom 18. September 1814 bis zum 9. Juni 1815 unter der Leitung des führenden österreichischen Staatsmannes Fürst von Metternich statt. Zahlreiche Grenzen wurden neu festgelegt, neue Staaten wurden geschaffen. Ein gutes halbes Jahr früher, bereits am 14. Januar 1814 wurde die Neuordnung Nordeuropas beschlossen, und zwar in Kiel.

Der verlorene Feldzug Napoleons gegen das Russische Reich 1813 leitete den Zusammenbruch des napoleonischen Imperiums ein. Der dänische König Friedrich VI. hatte den großen Fehler begangen, sich nach dem englischen Überfall auf Kopenhagen mit Napoleon, dem Gegner Englands, zu verbünden, und gehörte nun zu den großen Verlierern der Napoleonischen Kriege. Gemäß dem Prinzip „mitgehangen, mitgefangen" hafteten die unter der Krone Dänemarks stehenden Herzogtümer Schleswig und Holstein mit. Nach der vernichtenden Niederlage in der Völkerschlacht bei Leipzig im Oktober 1813 floh die dänisch-schleswigholsteinische Armee vor den nachrückenden schwedisch-russisch-preußischen Truppen nach Norden. Sie wollte in der dänischen Festung Rendsburg Schutz suchen. Bei Sehestedt kam es am 10. Dezember 1813 zu einer verlustreichen Schlacht, in der mehr als 1700 Männer fielen. Drei Tage später wurde Kiel von den Schweden unter Führung des Oberbefehlshabers der Nordarmee, des schwedischen Kronprinzen Jean Baptiste Bernadotte, bis zum 23. Januar 1814 besetzt. Weil auch russische Soldaten in der schwedischen Truppe dienten, nannten die Kieler die Besatzungszeit „Kosakenwinter" oder auch „Schwedenwinter".

In Kiel fanden in diesem Zeitraum die Friedensverhandlungen zwischen Dänemark, Schweden und England statt. Bernadotte hatte den 1621 erbauten Adelshof „Buchwaldscher Hof", in unmittelbarer Nachbarschaft des heute noch bestehenden Warleberger Hofes, zu seinem Hauptquartier erkoren. In dem Backsteindoppelhaus mit Zwillingstreppengiebel, dem größten Kieler Adelshof, wurden die harten Verhandlungen angesetzt. Der Friedensvertrag von Kiel verpflichtete das unterlegene Dänemark, fortan die Allianz gegen Napoleon zu unterstützen sowie Gebiete an die Sieger abzutreten. Dänemark musste Norwegen an Schweden abgeben, was letztlich das Ende des Dänischen Gesamtstaates bedeutete. In Norwegen nutzte man den Herrschaftswechsel, um eine eigene moderne Verfassung zu erarbeiten, ein erster Schritt in die spätere Unabhängigkeit des Landes. Dänemark erhielt als Ausgleich Schwedisch-Vorpommern, das es aber ein Jahr später gegen das bis dahin preußische Herzogtum Lauenburg eintauschte.

Durch diese territoriale Neuordnung hatten sich die Machtverhältnisse in Nordeuropa extrem verschoben. Dänemark war von einem ansehnlichen Mittelstaat zu einem unbedeutenden Kleinstaat geschrumpft.

Kiel blieb während der Friedensverhandlungen von den Allianztruppen besetzt. Zeitweise gab es mehr Soldaten in der Stadt als die 7000 Einwohner. Unter den Einquartierungen, vor allem unter Plünderungen hatten die Bürger in dem bitterkalten, schneereichen Winter sehr zu leiden. Lazarette mussten vorgehalten werden, unter anderem im Schloss. Da auch für die Ernährung der Soldaten gesorgt werden musste, litten die Kieler selbst vor allem am Mangel an Lebensmitteln.

An der Stelle in der Dänischen Straße, an der sich der 1944 zerbombte Buchwaldsche Hof befand, erinnert eine Stele an die denkwürdigen Ereignisse des Jahres 1814, als in Kiel Weltgeschichte geschrieben wurde.

25 1817 Säbel für die Studenten – Die Kieler Studentenverbindungen

Im frühen 19. Jahrhundert entstanden an den deutschen Universitäten Studentenverbindungen. Die Befreiungskriege gegen Napoleon brachten für diese Verbindungen einen entscheidenden Aufschwung mit sich. In den landsmannschaftlich orientierten Studentencorps kam es zu Bestrebungen, alle Studenten („Burschen") in einer übergreifenden „Burschenschaft" zu vereinigen. Ein einflussreicher Vertreter dieser Richtung war zum Beispiel der legendäre „Turnvater" Friedrich Ludwig Jahn. Die nun entstehenden Burschenschaften verstanden sich als Organisationen mit einem politischen Auftrag, nämlich demokratische Reformen und Deutschlands Einigung zu fordern.

Eine der ältesten Studentenverbindung Kiels war die Teutonia Kiel, die 1817 beim Wartburgfest initiiert wurde. 1836 fand eine Neugründung unter dem Namen „Albertina" statt, die sich nach ihrer Christian-Albrechts-Universität benannte und nach außen als Band die Farben dieser Universität Violett-Weiß trug, im Geheimen aber auch gern die schwarz-rot-goldenen Farben.

Die Mitglieder der Albertina, die sich 1843 in „Kieler Burschenschaft" umbenannt hatte, verband ein besonderes politisches Engagement, dafür sorgten die führenden Köpfe dieser jungen Verbindung, ihre Mitbegründer Theodor Mommsen und Karl Müllenhoff, vor allem Wilhelm Beseler, Friedrich Esmarch, Friedrich Hedde oder Theodor Lehmann, die alle zugleich zu den maßgeblichen politischen Kräften der schleswig-holsteinischen Bewegung zählten. Unterstützung erfuhr die Burschenschaft vor allem durch Theodor Olshausen, den bedeutendsten Verleger der Universitätsstadt und Herausgeber des „Kieler Correspondenzblattes", der größten Zeitung am Ort, ebenso durch den Arzt Franz Hegewisch. Die Studenten trugen mit Begeisterung die weiße Mütze mit gold-rotem Rand und wollten sich mit all ihrer Kraft für die Ideale und Ziele der Burschenschaft einsetzen, die gemäß ihrem Wahlspruch „Gott, Ehre, Freiheit, Vaterland" für Freiheit und Einheit des deutschen Volkes eintrat.

Im Rahmen der Schleswig-Holsteinischen Erhebung im März 1848 spielten die Professoren und Studenten der Christian-Albrechts-Universität und damit auch die Kieler Studentenverbindungen eine maßgebliche Rolle. Diese politische Auseinandersetzung der deutschen Bewegung in den Herzogtümern Schleswig und Holstein mit dem Königreich Dänemark mündete in den Ersten Schleswig-Holsteinischen Krieg, einen dreijährigen Krieg von 1848 bis 1851. Bereits am 9. April 1848 kam es zwischen den schleswig-holsteinischen Truppen und der dänischen Armee zu einer ersten großen, entscheidenden Schlacht bei Bov nördlich von Flensburg. Die 6.000 schleswig-holsteinischen Männer sahen sich einer Übermacht von

11.000 dänischen Soldaten gegenüber, der sie am Ende unterlagen. Einen erheblichen Teil der deutschen Truppen stellte das Kieler Turner- und Studentencorps.
Für die schlagenden Verbindungen und ihre Fechtübungen stellte später die Firma August Lüneburg in der Dänischen Straße die entsprechenden Waffen zur Verfügung.

26 1830 Auf zum Peeken! – Harte Winter auf der Kieler Förde

In früheren sehr kalten Wintern war die Kieler Förde häufig zugefroren. Die Schifffahrt kam dann bei Temperaturen von bis zu minus 21°C auf der zugefrorenen Förde völlig zum Erliegen. In der Regel mussten die Schiffe dann im Eis überwintern, denn es gab für sie in dem festen Eispanzer kein Fortkommen mehr. Umso beweglicher waren dagegen die verschiedenen Eisfahrzeuge auf der festen Fördefläche. Weiter draußen sah man Eisboote mit geblähten Segeln oder auch größere Schlitten mit Pferdegespann. Es war ein eigentümliches Bild, sie an den großen eingefrorenen Schiffen vorbeiziehen zu sehen.
Unmittelbar nach seiner Fertigstellung war auch der Kaiser-Wilhelm-Kanal bereits im Winter 1896/97 zum ersten Mal zugefroren. Im Eiswinter 1928/29 lagen vor Holtenau sogar mehr als 60 Schiffe fest. An der Ostsee hatte man schon viele extreme Winter erlebt, dieser Kälteeinbruch aber bis minus 25 Grad brach alle Rekorde.
Diese harten Winter hatten für die Erwachsenen meist eine eher beschwerliche Seite. Für Kinder und Jugendliche allerdings brachte die kalte Jahreszeit gleichzeitig ein großes Wintervergnügen mit sich, zum Beispiel das Schlittenfahren auf der Krusenkoppel, das Schlittschuhlaufen auf dem Ziegelteich oder dem Kleinen Kiel oder das Fahren mit dem Eisschlitten, besonders wenn der Hafen richtig zugefroren war; und das hielt oft sogar bis Mitte Februar.
Die zugefrorene Förde erlaubte den Kielern das im 19. Jahrhundert so beliebte Peeken, die Nutzung des Peekschlittens zur raschen Fortbewegung auf der Eisfläche. Bei diesem größten Wintervergnügen saß man in der Regel zu zweit in einem langen und sehr flach gebauten Schlitten mit eisernen Kufen, der von einem Mann, in der Regel einem der Fischer, die im Winter ohne Beschäftigung waren und sich ein Zubrot verdienten, mit Hilfe einer langen Holzstange mit eiserner Spitze, der Peeke, mit kräftigen Stößen vorangetrieben wurde, so dass das Gefährt pfeilschnell über das Eis raste. Ursprünglich diente der Peekschlitten auch als Arbeitsschlitten, mit dem Fischer und Bauern für die Winterarbeiten auf das Eis fuhren. Es gab ebenfalls kleine, sehr kurze Peekschlitten für eine einzelne Person.
Aufpassen musste der stehende Lenker auf die vielen Waken, natürliche Eislöcher, deren Ränder dünner als das Eis und in der Regel brüchig waren, oder genauso auf Wuhnen, künstlich in das Eis geschlagene Löcher, die das Angeln ermöglichten. Selbstverständlich musste man als Fahrgast richtig gut in warme Decken eingehüllt sein, denn der Wind auf der großen zugefrorenen Eisdecke des Hafens wehte eisig. Selbst größere Entfernungen ließen sich auf diese Weise mühelos zurücklegen, zum Beispiel für einen Ausflug nach Eller-

bek, dem Fischerdorf auf der gegenüberliegenden Seite der Kieler Förde, um dort Kaffee oder Tee zu trinken und dann bei Einbruch der Dämmerung zurück nach Kiel zu schlittern. Im Schifffahrtsmuseum ist solch ein Peekschlitten zu bewundern.

27 1832 Ende eines Höllen- und Teufelsweges – Die Altona-Kieler Chaussee

„Sobald man von Lübeck in das Holsteinische kommt, werden die Wege so schlecht, dass ich sicher glaube, es sind die schlechtesten, die in ganz Deutschland existieren. Um ein halbes Jahrhundert ist man im Wege- und Chausseebau zurück und jetzt erst fängt man an, von Altona nach Kiel eine Chaussee zu machen. Wem sein Leben und sein Wagen lieb ist, der fahre um Gotteswillen nicht über Ahrensbök nach Plön. Es ist ein wahrer Höllen- und Teufelsweg, auf welchem man jeden Augenblick in Gefahr ist, Hals und Beine zu brechen." So äußerte sich in einem zeitgenössischen Reisebericht ein gewisser Hofrat Meyer.

Noch zu Beginn des 19. Jahrhunderts war das Reisen letztlich eine einzige Qual. Zweimal in der Woche fuhr ein Postwagen von Kiel über Preetz, Plön, Segeberg, Oldesloe, Ahrensburg und Wandsbek nach Altona. Die Entfernung war gewaltig für die damaligen technischen Transportmöglichkeiten, immerhin zwölfeinviertel dänische Meilen, das sind etwa 93 Kilometer. Die Wagen waren größtenteils offen, so genannte Stuhlwagen, ungefedert und mit Seitenwänden aus Korbgeflecht. Wenn man Glück hatte, erwischte man einmal einen Wagen mit Verdeck zum Hochklappen. Die Fahrt begann morgens um sechs Uhr in Kiel, und man war erst nachts um 23 Uhr in Altona, also fast 17 Stunden unterwegs. Schuld daran war vor allem der extrem schlechte Zustand der damals noch unbefestigten Straßen. Viele Verkehrswege waren lediglich mit Sand bedeckt und weichten dementsprechend bei Regen rasch auf. Wenn es länger regnete, kam der Verkehr oft tagelang zum Erliegen. Hinzu kamen noch die vielen Löcher und die stehenden Pfützen. Die Wagen konnten deswegen oft nicht schneller als eine Dreiviertel Meile in der Stunde fahren. Oft kam es zum Bruch von Wagenrädern. Es gibt die Anekdote, dass das fortwährende Gerüttel der Postwagen die Zähne ihrer Fahrgäste so gelockert habe, dass sie fortan keine festen Speisen mehr zu sich nehmen konnten. Zugleich habe das beständige Stoßen, Rütteln und Gegeneinanderschleudern der Insassen oft zu Rippenbrüchen geführt.

Durch die 91 km lange zweispurige, alleeartig von Linden gesäumte Chaussee, die in den Jahren 1830 bis 1832 im Auftrag des dänischen Königs Frederik VI., zugleich Herzog von Schleswig-Holstein, gebaut wurde, änderte sich das alles vollständig. Die Fahrten wurden bequemer, sicherer und vor allem schneller. Man brauchte nur noch neun Stunden von Kiel über Neumünster, Bad Bramstedt und Quickborn bis in das damals dänische Altona. Bis 1874 musste an mehreren Schlagbäumen ein Chausseegeld entrichtet werden. Eine Maut war also nichts Ungewöhnliches!

Von der vormaligen Landstraße unterschied sich die Chaussee, die Kunststraße, durch den wasserundurchlässigen und durch das ständige Befahren fortlaufend dichter werdenden

Schotterbelag. Feldsteine wurden zerkleinert und in nach Größen sortierten Schichten auf das vorbereitete Straßenbett gebracht und glatt geharkt. Die Chaussee war wie ein Damm, in der Mitte leicht gewölbt und an beiden Seiten von Gräben begrenzt. Diese Kunststraßen nannte man auch makadamisierte Straßen, nach dem Erfinder dieser Straßenbaumethode, einem schottischen Ingenieur namens MacAdam.

Durch diese Chaussee nach Altona, durch den Ausbau des Hafens, vor allem durch die Eisenbahnverbindung nach Altona und damit zur Nordsee und durch die Dampfschifffahrt profitierte Kiel außerordentlich. Durch die hervorragende Anbindung Kiels war der Kieler Hafen konkurrenzfähig wie nie zuvor und bot den Kaufleuten einzigartige Chancen für den Handel über die Ostsee. Nachdem am 1. Januar 1832 die Chaussee nach Altona eröffnet worden war, belebte sich der Fährverkehr nach Kopenhagen immer mehr. Zweimal in der Woche legten Dampfschiffe wie die „Caledonia", die „Löven" oder die „Frederik VI." in Richtung Kopenhagen ab.

An der Straße zeigen bis heute Meilensteine aus Granit mit einer Höhe von etwa einem Meter die Entfernung nach Altona und nach Kiel in Meilen an, mit den Initialen des dänischen Königs (FR - Fridericus Rex), mit Krone und Jahreszahl der Fertigstellung. Die Chaussee begann in Kiel mit dem Sandstein-Obelisken (heute Ecke Hamburger Chaussee-Alte Lübecker Chaussee), der die Entfernung bis Altona mit 12 ¼ Meilen angibt. Im oberen Quader befindet sich das Königsinitial FR VI mit Krone aus Schmiedeeisen. Die lateinische Inschrift darunter lautet: FRIDERICUS VI HANC VIAM STERNENDAM CURAVIT MDCCCXXX (Friedrich VI. ließ diese Straße im Jahr 1830 pflastern.). Dieser Chausseebau war ein Meilenstein in der Verkehrsgeschichte der Stadt Kiel und Schleswig-Holsteins und ein Sprung in die Moderne.

28 1837 „Wie reich war ich in Kiel!“ – Theodor Storms Studienzeit in Kiel

Theodor Storm liebte Kiel. Im Rückblick auf seine Studienzeit schrieb er: „Wie reich war ich in Kiel!“ Zeit seines Lebens bekannte sich Storm zu der Stadt an der Förde: „Kiel ist schön, sehr schön, die schönste Stadt im schönen Holstein.“

„Mitten im Walde, im stillsten Sonnenschein“: Mit diesen Worten beschrieb der Schriftsteller Storm die Gastwirtschaft „Sanssouci“ im Düsternbrooker Gehölz. Er war hier häufig zu Gast, als er in den Jahren 1837 bis 1842 an der Christian-Albrechts-Universität Jura studierte.

Zum 100. Geburtstag Theodor Storms wurde 1917 als Gedenkstein ein Granitfindling am ehemaligen Ort der Gaststätte aufgestellt mit der Aufschrift „Theodor Storm – Auf der Universität“. So lautet der Titel der Novelle, die Storm 1862 in Erinnerung an seine Kieler Studienzeit niederschrieb. Darin macht der Dichter die Waldgaststätte „Sanssouci“ zum zentralen Schauplatz. Im Mittelpunkt der Handlung steht die aus einfachen Verhältnissen stammende Näherin Lore Beauregard. Seit ihrer Kindheit träumt sich das junge attraktive Mädchen fort aus ihrer bescheidenen Umgebung. Sie sehnt sich nach einem Leben in der höheren Gesellschaft. Scheinbar von ihrem Verlobten verlassen, verlässt sie ihren Heimatort und geht in die Universitätsstadt, gemeint ist Kiel, wo sie sich mit einem skrupellosen adeligen Studenten einlässt, der ihr den gesellschaftlichen Aufstieg verspricht. Als sie während eines Tanzabends im „Sanssouci“ erkennen muss, dass alle ihre Träume zerplatzt sind, begeht sie in der Kieler Förde Selbstmord.

Das Düsternbrooker Gehölz war in jener Zeit das beliebteste Ausflugsziel der Kieler Bürger. Nicht verwunderlich also, dass sich mehrere Ausflugslokale hier ansiedelten. Eines davon war seit 1811 die Waldgaststätte „Sanssouci“, vormals „das landesherrschaftliche Kaffeehaus“, mitten im Gehölz. Sie entwickelte sich vor allem unter den Studenten zu einem populären Treffpunkt. Aber trotz der erfolgreichen Bewirtschaftung in den ersten Jahren wechselten die Pächter des Öfteren, und es drohte häufig der Konkurs aufgrund der starken Konkurrenz der anderen Lokale. Schließlich brannte das „Sanssouci“ 1865 ab, drei Jahre, nachdem Storm ihm in seiner Novelle ein überdauerndes Denkmal gesetzt hatte, und wurde nie wieder aufgebaut.

Im Frühjahr 1837 zog der 19-jährige Theodor Storm von Husum nach Kiel und begann, an der Kieler Universität Jura zu studieren. Gemeinsam mit seinen Freunden Theodor und Tycho Mommsen begeisterte er sich für Literatur und für die Märchen der Brüder Grimm. Wie diese machten sie sich auf die Suche nach schleswig-holsteinischen Sagen, Märchen und Liedern. 1845 gaben sie mit Hilfe des Kieler Bibliothekars Karl Müllenhoff eine Sammlung unter

dem Titel „Sagen, Märchen und Lieder der Herzogthümer Schleswig, Holstein und Lauenburg" heraus. Aber auch die Lyrik Eichendorffs, Heines und Mörikes faszinierte die Freunde. Sie begannen, selbst Gedichte zu verfassen, und veröffentlichten diese in einem „Liederbuch dreier Freunde". Storm war mit 40 Gedichten dabei.
Nach seinem Staatsexamen 1842 kehrte Storm in seine Heimatstadt Husum zurück, um sich als Jurist niederzulassen. Das Dichten aber unterließ er zum Glück nicht.

29 1838 „Senator Kopfstein“ – Das gute alte Kopfsteinpflaster

Der Zustand der Kieler Straßen war zum Erbarmen. Bis „Senator Kopfstein“ auf den Plan trat.

Eine Passage auf den Gehwegen Kiels, noch dazu im Dunkeln, war im frühen 19. Jahrhundert durchaus ein gewisses Abenteuer, das man ohne ausreichende Beleuchtung durch die Lüchtejungen, Jungen, die sich ihr Geld damit verdienten, die Leute mit ihren Leuchten durch die dunkle Stadt zu geleiten, schwerlich bestehen konnte. Schmutzig waren die Straßen obendrein; da jeder Hausbesitzer den Teil des Gehweges vor seinem Haus bis zum Rinnstein als sein Eigentum betrachtete, musste stets auch noch mit unzähligen Hindernissen gerechnet werden, mit Kellerniedergängen oder Trittsteinen, mit Bänken, Fässern, Kisten und anderen einfach auf der Straße abgestellten Gegenständen. Das Überqueren der Straße bei Dunkelheit war mit besonderen Gefahren verbunden, falls man nicht bemerkt hatte, dass die Hausbewohner ihre Schmutzeimer im tiefen Rinnstein entleert hatten.

Alternativ konnte man Portechaisen nutzen, öffentliche Sänften, einsitzige geschlossene Kästen, die an Tragstangen von zwei Männern getragen wurden. Anmieten konnte man sie an der „Portechaise-Ecke“ beim Nikolaikirchhof an der Ecke des Marktes zur Schuhmacherstraße. Sie waren den Kutschen gegenüber in den engen Gassen und angesichts des zum Teil katastrophalen Zustands der Straßen tatsächlich im Vorteil.

Mit dem Bau der Chaussee zwischen Kiel und Altona 1832 und der Eisenbahnlinie Kiel-Altona 1844 setzte ein deutlicher wirtschaftlicher Aufschwung ein, der mit einem starken Bevölkerungswachstum in der Stadt Kiel in der Mitte des 19. Jahrhunderts einherging. Daraus ergab sich ein wachsender Bedarf an Bauflächen, so dass sich die Stadt dazu entschloss, das fast 30 Hektar große Gelände nordwestlich des Kleinen Kiels zu erschließen. Die Planung der 1842 erworbenen so genannten Damperhofländereien bedeutete die erste planmäßige Stadterweiterung Kiels mit einer rechtwinkligen Straßenanlage. Dieser Erweiterungsplan wird nach dem damaligen Initiator der Maßnahme „Lorentzenplan“ genannt. Jakob Friedrich Nikolaus Lorentzen (1782–1851) war seit 1830 Stadtverordneter und von 1838 bis 1851 Senator der Stadt Kiel. Ihm oblag die Planung der umfangreichen Stadterweiterung. 1847 ließ er den Weg am westlichen Rand des Kleinen Kiels ausbauen, den der Magistrat schließlich 1856 nach ihm Lorentzendamm benannte.

Wegen seiner erheblichen Verdienste um den Straßenbau und seines besonderen Engagements für eine bessere Pflasterung erhielt Lorentzen in der Bevölkerung den Spitznahmen „Senator Kopfstein“. Die Kieler Straßen waren um die Wende zum 19. Jahrhundert in einem zum Teil erbarmungswürdigen Zustand. Zwar hatte die dänische Regierung bereits

1781 eine Renovierung und Pflasterung der Straßen angeordnet. Aber die Durchführung der Maßnahme ließ noch lange auf sich warten. Lorentzen ergriff als erster die Initiative. Mit dem so genannten Kopfsteinpflaster, bestehend aus oben rundlichen Pflastersteinen aus Naturstein, wurden nun auf seine Veranlassung die meisten Straßen der Kieler Altstadt belegt. Noch gibt es etliche Kieler Straßen mit dem alten Kopfsteinbelag, zum Beispiel die Hohenbergstraße.

30 1843 „Schön wie Apoll" – Die Kieler Antikensammlung

Können uns griechische Götter als Vorbilder dienen? Wohl kaum, zu verhaltensauffällig waren einige von ihnen, allen voran der Schürzenjäger Zeus. Zu sehr ähnelten auch all die anderen in ihrem Verhalten den Menschen: Götter sind eben auch nur Menschen. Und schon in mythischen Zeiten wandelten die Götter gerne unter den Irdischen. So hat sich auch Apollon vom Olymp nach Kiel verirrt. Warum er das paradiesische Leben dort und den Luxus der Götterspeise Ambrosia aufgab, bleibt im Dunkeln. Er war der Gott, der alles wusste und für alles Mögliche zuständig war, zum Beispiel für das Orakel von Delphi. Der Zeussohn war Gott des Bogenschießens und der Weissagung. Und er war so wunderschön, dass man heute über einen gutaussehenden Mann noch sagt: „Schön wie Apoll!"

Im 15. Jahrhundert wurde in einer Villa Kaiser Neros eine antike Marmorskulptur wiedergefunden, die römische Kopie einer griechischen Bronzestatue aus dem 4. Jahrhundert vor Christus, die dem spätklassischen Bildhauer Leochares zugeschrieben wird: der berühmte Apollo von Belvedere, der im Statuenhof des vatikanischen Belvedere steht als Teil der Antikensammlung der Vatikanischen Museen. Das Werk zeigt Apollon, den griechischen Gott des Lichts, der Heilung, des Frühlings und der Künste. Die Wissenschaftler sind sich einig, dass diese Skulptur ein herausragendes Beispiel klassischer Bildhauerkunst darstellt. Deshalb gelten Gipsabgüsse der Statue als wichtige Studienobjekte und sind in vielen Museen zu sehen. Für den ersten großen deutschen Archäologen Johann Joachim Winckelmann, den Wiederentdecker der Antike im 18. Jahrhundert, war der Apollo von Belvedere „das höchste Ideal der Kunst unter allen Werken des Altertums". Aufgrund dieser Einschätzung gehörte die Skulptur zu den normgebenden Kunstwerken des Klassizismus und beeindruckte die Dichter der Klassik, zum Beispiel Johann Wolfgang Goethe.

Der Apollo von Belvedere ist eine der zahlreichen sehenswerten Kopien berühmter antiker Skulpturen der Kieler Antikensammlung. In dieser Sammlung erlebt der Besucher mit Hilfe originaler Zeugnisse antiker Kleinkunst, zum Beispiel der griechischen Vasenmalerei, und vieler Abgüsse von bedeutenden antiken Skulpturen eine Begegnung mit der Kunst und Kultur der griechischen und römischen Antike vom 2. Jahrtausend vor Christus bis zur römischen Kaiserzeit.

Im 19. Jahrhundert wurde zugleich mit dem Aufstieg und dem zunehmendem Selbstbewusstsein des Bürgertums und mit dem erwachenden Interesse an Geschichte der Typus des modernen Museums begründet, letztlich auch um bürgerliche Vorstellungen von Bildung und Kultur zu verwirklichen.

Als das Kieler Museum 1843 seine Pforten öffnete, war es die erste Sammlung dieser Art in Norddeutschland. In Schleswig-Holstein ist sie nach wie vor einzigartig. Zunächst war sie bis 1887 in der ehemaligen Kapelle des Kieler Schlosses untergebracht. Der Altertumsforscher Peter Wilhelm Forchhammer, der in Kiel studiert, promoviert und sich habilitiert hatte, war seit 1836 Professor für Altertumswissenschaft an der Christian-Albrechts-Universität und bot als erster in Kiel archäologische Vorlesungen an. Er unternahm mehrere Forschungsreisen in den Mittelmeerraum. Zusammen mit seinem Kollegen Otto Jahn erreichte er eine breite Unterstützung für das Projekt, in Kiel eine Sammlung antiker Kunst aufzubauen, an der Christian-Albrechts-Universität, beim örtlichen Adel sowie in der Bürgerschaft der Stadt Kiel. Großzügige Sponsoren ermöglichten den Aufbau einer umfangreichen Sammlung. In antiker Farbgebung, auf braunen Sockeln, vor zinnoberroten Wänden wurden Originalobjekte und Abgüsse präsentiert. Der Leitsatz Forchhammers lautete: „Offen und zugänglich für jedermann, zum Genuss und zur Belehrung für jedermann" solle diese Sammlung sein. Entsprechend dieser Forderung kann der Besucher auch heute noch bei freiem Eintritt die antiken Kunstwerke bewundern. Auf Forchhammers Initiative wurde 1843 von kunstinteressierten Bürgern Kiels ebenfalls der Schleswig-Holsteinische Kunstverein gegründet.

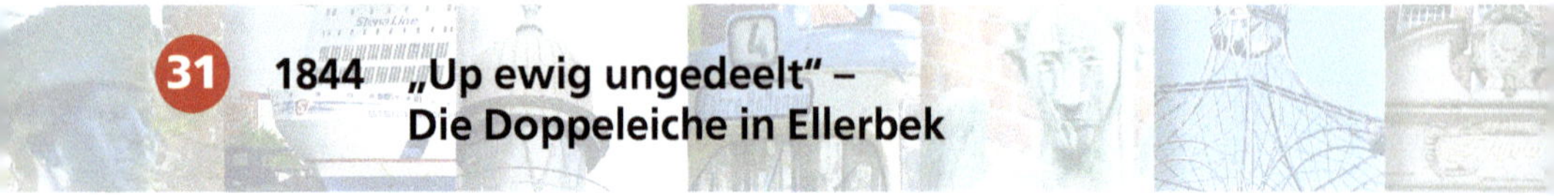

31 1844 „Up ewig ungedeelt" – Die Doppeleiche in Ellerbek

„Up ewig ungedeelt" (Auf ewig ungeteilt): So war es im Vertrag von Ripen am 5. März 1460 den Herzogtümern Schleswig und Holstein zugesichert worden: „dat se bliven ewich tosamende ungedeelt". Der Vertrag regelte zum ersten Mal die Grundlage für die vier Jahrhunderte gültige Zugehörigkeit der Gebiete Schleswig und Holstein zum Königreich Dänemark. Die Verbindung der beiden Herzogtümer mit Dänemark unter König Christian I. von Dänemark erschien dem schleswig-holsteinischen Adel geeignet, um ihre Position im Konflikt verschiedener Mächte zwischen Ost- und Nordsee zu behaupten.

Im 19. Jahrhundert erhielt der Ripener Vertrag angesichts des aufkommenden nationalen Konflikts zwischen Deutschen und Dänen eine neue Bedeutung. Die liberale und nationale schleswig-holsteinische Bewegung sah die Formulierung des Vertrages als „historisch verbrieftes Recht" an und nutzte sie im Sinne der angestrebten Loslösung Schleswigs und Holsteins von Dänemark.

Beim Schleswiger Sängerfest 1844 wurde zum ersten Mal die Hymne „Schleswig-Holstein meerumschlungen" gesungen, in deren siebter und letzter Strophe es heißt:

> „Teures Land, du Doppeleiche,
> unter einer Krone Dach,
> stehe fest und nimmer weiche,
> wie der Feind auch dräuen mag!
> Schleswig-Holstein, stammverwandt,
> wanke nicht, mein Vaterland!"

So wurde „Up ewig ungedeelt" 1844 zum Motto der deutschen Seite in der Schleswig-Holstein-Frage. Während der folgenden Schleswig-Holsteinischen Erhebung 1848 sowie im Deutsch-Dänischen Krieg 1864 blieb „Up ewig ungedeelt" die Parole der deutschen Schleswig-Holsteiner.

Auch die Doppeleiche, also ein Baum mit zwei Stämmen unter einer gemeinsamen Krone, wurde in diesem Konflikt zum Symbol für die Zusammengehörigkeit der Herzogtümer Schleswig und Holstein. Wie man eine Doppeleiche nicht ohne Schaden trennen darf, sollte Schleswig-Holstein als unteilbares Ganzes in einen deutschen Nationalstaat integriert werden: „Up ewig ungedeelt".

Aus Anlass der fünfzigsten Wiederkehr der Schleswig-Holsteinischen Erhebung wurden 1898 zu Hunderten Doppeleichen wie in Kiel-Ellerbek gepflanzt, um dem nationalen Gedanken in Schleswig-Holstein Ausdruck zu verleihen.

32 1844 Fisch oder Mensch – Die echte Kieler Sprotte

Wer oder was ist eine echte Kieler Sprotte?
Eigentlich ist die Kieler Sprotte oder auch nur Sprotte ein kleiner silbriger Fisch aus der Familie der Heringe. Die Sprotten oder auch Breitlinge sind Schwarmfische, die selten mehr als 20 cm lang werden. Gefangen werden sie unter anderem in der Ostsee und im nördlichen Atlantik. Für die „echten Kieler Sprotten" werden vorzugsweise eher kleinere Exemplare von etwa 10 cm Länge verwendet, und sie müssen aus dem Großraum der Kieler Bucht stammen.
Die traditionellen Kieler Sprotten werden im so genannten „Altonaer Ofen" über Buchen- und Erlenholz geräuchert, heutzutage auch schon einmal in modernen Gasräucheröfen. Zum Verkauf werden sie allgemein in eine kleine, rohe Holzkiste verpackt, wie sie noch im Kieler Schifffahrtsmuseum zu bewundern ist. So ist dieser fettreiche Speisefisch zu einem Exportschlager, zu einer richtigen schleswig-holsteinischen Spezialität geworden, die traditionell „mit Kopp un Steert", also mit Kopf und Schwanz sowie mit den sehr weichen Gräten, verspeist wird. Viele Konsumenten bevorzugen es allerdings, Kopf, Schwanz und Hauptgräte nicht mitzuessen („Kopp un Steert sünt nix weert."). Sie trennen den Kopf ab und ziehen mit ganz leichtem Druck auf den Fischkörper den Schwanz mitsamt der Hauptgräte heraus. Für diejenigen, die eigentlich diesen Fisch gar nicht gern essen, gibt es die süße Version in Schokolade, aber ebenfalls stilecht in einer Holzkiste verpackt.
Ehrlicherweise muss zugegeben werden, dass die Kieler Sprotte gar nicht mehr in Kiel hergestellt wird, sondern im benachbarten Eckernförde. In früheren Zeiten wurde sie auch in Kiel-Ellerbek geräuchert. Ihren Namen hat sie im späten 18. Jahrhundert erhalten und dann als Qualitätsbegriff beibehalten, auch weil sie von Kiel aus ab 1844 auf der Eisenbahnlinie Kiel-Altona in fernere Regionen, ja in die ganze Welt versendet wurde.
Wenn man von „Kieler Sprotte" spricht, meint man aber auch oft die Bezeichnung für einen waschechten Kieler, also für eine in Kiel geborene Person, wie den Autor!

Frisch aus dem Rauch.
Echte
KIELER SPROTTEN.
aus der Fischräucherei von
HOLDORF & RICHTER, KIEL.

33 1844 Frisch, fromm, fröhlich, frei – Gründung der Kieler Männerturnvereins

„Frisch, fromm, fröhlich, frei", auch die Kieler Studenten wollten turnen! Die Losung des Turnvaters Jahn sollte endlich auch in Kiel gelten. Der Pädagoge Johann Friedrich Jahn hatte bereits 1811 den ersten deutschen Turnplatz in Berlin eröffnet. Damit begründete er die deutsche Turnerbewegung. Rasch verbreitete sich das Turnen an Reck, Barren und Hanteln. Die Sportart Geräteturnen war erfunden. Wenige Jahre später gab es in Deutschland schon mehr als 12.000 Turner in etwa 150 Vereinen. Aber das politische Engagement Jahns und seiner Turner rief die Obrigkeit auf den Plan. 1817 wurde das Turnen verboten, und Jahn wurde verhaftet. Der ab dann unter Polizeiaufsicht stehende Jahn wurde 1840 vom preußischen König amnestiert, und das Verbot wurde aufgehoben.
Nun wurde auch Kiel vom Turnfieber erfasst, und der Kieler Männerturnverein (KMTV) wurde am 27. Juni 1844 von dem Universitätsprofessor Peter Wilhelm Forchhammer, dem Advokaten Friedrich August Hedde und dem Mediziner Friedrich Esmarch als erster Turnverein in Schleswig-Holstein gegründet. Heute ist der KMTV mit Sitz in der Jahnstraße und weit über 7.000 Mitgliedern der größte Sportverein in Schleswig-Holstein.
Ziel des Vereins, in dem nur Männer, vor allem Studenten in großer Zahl Mitglieder wurden, sei, so propagierten 1844 seine Gründer, die Entwicklung eines gesunden Geistes durch die körperliche Ertüchtigung und die Stärkung der moralischen Kräfte der jungen Männer. Ein sehr eindeutiges Bekenntnis galt ebenfalls der politischen Stoßrichtung des Vereinsgedankens, der Schaffung eines vereinten demokratischen Deutschlands.
Der erste Turnplatz befand sich auf einem der Höfe des Weinhändlers Wulff in der Vorstadt, und neben einer Bude zum Umziehen und Aufbewahren der Kleidung bestand er aus einem freien Platz mit einigen Turngeräten wie Reck, Barren, Pferd, Schwebebalken sowie einigen Hanteln. Turnen konnte man dienstags und freitags zwischen 19 und 20.30 Uhr sowie am frühen Sonntagmorgen. Nach ersten gemeinschaftlichen Übungen zur Erwärmung der Gelenke folgten die einzelnen Trainingseinheiten an den Geräten unter der Aufsicht und der Anleitung durch den Vorturner und Turnwart Friedrich Hedde. Daran schlossen sich Marsch- oder Laufübungen an, bald auch Waffenübungen, denn man wollte bereit sein zum Schutz der Stadt und eventuell zum Kampf um die Freiheit der Herzogtümer. Robert Henne, ein früherer Student aus Breslau, leitete diese offiziell verbotenen Übungen. Da jedes Aufsehen dabei vermieden werden musste, begaben sich die Turner zur „Wilhelminenhöhe" auf dem Gaardener Ufer. Gewehre waren zu der Zeit in ganz Deutschland außerordentlich gefragt und deshalb kaum zu ergattern oder unerschwinglich teuer, sie konnten nicht gestellt werden, jeder musste sich ein Gewehr leihen. Auch andere Waffen kamen zum Einsatz, alte

Musketen, Säbel oder andere Stechwerkzeuge.

Am Tag der schleswig-holsteinischen Erhebung, dem 24. März 1848, versammelten sich auch die Studenten und Turner vor dem Kieler Rathaus, um die Proklamation der Provisorischen Regierung mitzuerleben. Der Prinz von Noer führte am Tag darauf als Kommandeur der Schleswig-Holsteinischen Truppen auch ein kampfbereites Kieler Turner- und Studentencorps in die Festung Rendsburg. Sie nahmen teil an der entscheidenden Schlacht bei Bov nördlich von Flensburg am 9. April 1848. Die 6.000 schleswig-holsteinischen Männer kämpften gegen eine Übermacht von 11.000 dänischen Soldaten und mussten eine schwere und verlustreiche Niederlage hinnehmen.

34 1844 Mit Volldampf voraus – Die Kiel-Altonaer Eisenbahn

Schließlich gelangten sie zum Bahnhof am Sophienblatt, der erst vor drei Jahren im Süden der Stadt dicht beim Sankt-Jürgen-Friedhof errichtet worden war, ein imposantes grauweißes, zweistöckiges Gebäude mit zahlreichen Rundbogenfenstern und einem großen dreiflügeligen Eingangsportal, zu dem man die zahlreichen Stufen der breit angelegten Freitreppe hinaufsteigen musste. Im Erdgeschoss fand man die Schalterhalle mit den Kassen sowie einen Wartesaal und die Bahnhofsgaststätte, im oberen Stockwerk waren die Büroräume untergebracht. An die Schalterhalle schloss sich die offene zweigleisige Bahnsteighalle an, ein hoher Fachwerkbau aus einer Holz- und Eisenkonstruktion, in dem die Reisenden bequem und vor allem trockenen Fußes ein- und aussteigen konnten.
Begrüßt wurden sie von Theodor Olshausen, dem Direktor der Eisenbahngesellschaft. Er erläuterte ihnen, dass die 1844 eröffnete König-Christian-VIII.-Ostseebahn, die Kiel und Altona als den größten Städten im Herzogtum Holstein verband, nach Nürnberg–Fürth, Braunschweig–Wolfenbüttel, Dresden–Leipzig und Hamburg–Bergedorf die fünfte Eisenbahnstrecke in Deutschland und die erste in Schleswig-Holstein war, nur 19 Jahre nach der allerersten Eisenbahn in England. Damit hatte das Eisenbahnzeitalter in Schleswig-Holstein begonnen. Schnell schlossen sich weitere Seitenlinien an die Transitverbindung zwischen Kiel und Altona an. Zusammen mit der Dampfschifffahrt auf der Ostsee und auf der Nordsee, also an beiden Enden der neuen Bahnlinie, stellte dieses Projekt einen herausragenden Impuls für den wirtschaftlichen Aufschwung der Fördestadt dar. Eine Eisenbahngesellschaft war gegründet worden. Finanzkräftige Kaufmänner hatten sich bereit erklärt, das notwendige Kapital für den Eisenbahnbau aufzubringen.
Amüsiert hörten sie, dass viele Menschen noch große Vorbehalte gegenüber diesem modernen Verkehrsmittel hatten. Man verbreitete die abenteuerlichsten Gerüchte. Anwohner klagten über den Lärm und den Gestank an den Gleisanlagen und darüber, dass die Lokomotiven glühende Kohlenstücke ausstießen, die auf den Feldern oder auf der Kleidung Brandschäden hervorriefen. Man erzählte sich, dass durch den Funkenflug tatsächlich der Strohhut einer vornehmen Dame Feuer gefangen habe. In jedem Fall war die Befürchtung weit verbreitet, dass das neue Tempo die Lebensqualität, die Ruhe und Gemütlichkeit endgültig vernichten würde. Etliche Mediziner äußerten erhebliche Skepsis und befürchteten, der menschliche Organismus könne die ungeheuerliche Geschwindigkeit gar nicht aushalten, und man müsse mit Lungenentzündungen aufgrund des Fahrtwindes rechnen. Bei älteren Leuten befürchtete man Schlaganfälle, die durch den schnellen Luftwechsel beim Durchfahren eines Tunnels auftreten könnten. Manche behaupteten, dass man bei dem rasenden

Tempo durch die vorbeirauschende Landschaft bewusstlos oder sogar wahnsinnig werden könnte. Der giftige Qualm könnte zweifellos zu Vergiftungen führen.
Schließlich rückte der Zug mit glühenden Scheinwerfern und beängstigendem Fauchen wie ein feuerspeiendes Ungetüm bedrohlich näher und hielt zuletzt mit laut brausendem Bremsen: voran ein Koloss von Lokomotive mit einem beeindruckenden, nahezu drei Meter hohen Schornstein auf einem langgezogenen Zylinder, der ratternden gewaltigen Dampfmaschine.
Gleich sollte die Fahrt losgehen, das Signal stand bereits auf Abfahrt. Nun hatte der Zugführer seinen großen Auftritt, er war der Held des heutigen Tages, der Beherrscher dieses Ungetüms von Lokomotive, das Sinnbild der Moderne, ein kräftiger, breitschultriger Mann mit ziemlich dunklem Teint, der die bewundernden Blicke aller seiner Fahrgäste, besonders der weiblichen, sichtlich genoss; er gab einen langgezogenen Pfiff ab. Die Lokomotive setzte sich langsam in Bewegung. Immer gewaltiger und immer schneller wurden die Dampfwolken, die der Schlot ausstieß. Nun fingen die Wagen an sich zu bewegen.
Der Zug rollte auf den Schienen über den vier Meter breiten und etwa einen Meter hohen Bahndamm. Im Nu hatte er die Höchstgeschwindigkeit von 45 km in der Stunde erreicht. Sie beobachteten, dass Bahnwärter, 112 an der Zahl, die 105 km lange Strecke zu sichern hatten. Mit Hilfe von Flaggensignalen gaben sie Informationen an die Lokführer oder an den nächsten Bahnwärter weiter.
Der Zug musste sieben Bahnhöfe passieren, in Bordesholm, Neumünster, Wrist, Horst, Elmshorn, Tornesch und Pinneberg, bevor er nach zweieinhalb Stunden Altona erreichte. Gegenüber neun Stunden Fahrt auf der Chaussee war das geradezu unglaublich.

Für einen zügigen Warenumschlag wurde es rasch erforderlich, in Kiel den neuen Eisenbahnanschluss über einen Eisenbahndamm, der den bis dahin offenen Bootshafen von der Förde trennte, mit den Kaianlagen am Schuhmacher- und Flämischen Tor zu verbinden, wie hier beim Sartori-Speicher.

35 1848 „Nu mokt wi Revolutschon" – Die schleswig-holsteinische Erhebung

Zum mächtigen Dänischen Gesamtstaat, der von 1773 bis 1864 bestand, gehörten neben Dänemark, Norwegen (bis 1814) und Grönland auch die Herzogtümer Schleswig und Holstein, das heißt, der dänische König regierte beide Landesteile in Personalunion. 1815 trat er für das Herzogtum Holstein, später auch für das Herzogtum Lauenburg dem Deutschen Bund bei.

Im 19. Jahrhundert verschärften sich aber die nationalen Gegensätze in den Herzogtümern immer mehr. Der zunehmende Nationalismus im 19. Jahrhundert, verbunden mit Bestrebungen aus Kopenhagen, das Herzogtum Schleswig ganz ins Königreich Dänemark einzugliedern, zerrüttete das gute Verhältnis zwischen Deutschen und Dänen und führte 1848 zur Schleswig-Holsteinischen Erhebung.

Mehrere Ereignisse schürten die schon bestehende Glut. Das Kopenhagener Sprachreskript ordnete in Gebieten mit dänischer Kirchen- und Schulsprache (d. h. im ländlichen Nordschleswig) Dänisch als Gerichts- und Verwaltungssprache an. Auf dem Sängerfest in Schleswig wurde als Ausdruck des Protests zum ersten Mal das Schleswig-Holstein-Lied gesungen, und Blau-Weiß-Rot wurden als die Farben Schleswig-Holsteins gefeiert.

Ein Höhepunkt der Auseinandersetzung war erreicht, als König Christian VIII. von Dänemark den „Offenen Brief" erließ: Die in Dänemark verankerte weibliche Erbfolge sollte auch für die Herzogtümer Holstein und Schleswig gelten. Prinz Friedrich von Schleswig-Holstein-Sonderburg-Augustenburg (Prinz Friedrich von Noer), dessen Erbschaftsansprüche dadurch zunichtewurden, trat aus Protest als Statthalter und Kommandierender General in den Herzogtümern zurück. Die Abgeordneten der holsteinischen Ständeversammlung verließen aus Protest gegen den „Offenen Brief" den Ständesaal in Itzehoe, ebenso die deutschen Abgeordneten der schleswigschen Ständeversammlung den Ständesaal in Schleswig.

Nach dem Tod König Christians VIII. proklamierte sein Nachfolger König Friedrich VII. den Entwurf einer Gesamtverfassung für Dänemark und die Herzogtümer als künftiges Verfassungswerk. In der ersten gemeinsamen Sitzung der Stände von Holstein und Schleswig in Rendsburg wurde daraufhin eine gemeinsame eigene Verfassung für Holstein und Schleswig gefordert.

Eine Revolution in Kopenhagen brachte das nationalliberale, eiderdänische Ministerium an die Macht, das die Einverleibung Schleswigs in Dänemark forderte. Damit lief das Fass über. Mit Hilfe der am 24. März 1848 im Kieler Rathaus ausgerufenen Provisorischen Regierung nahmen die Schleswig-Holsteiner die Geschicke der Herzogtümer nun selbst in die Hand; sie forderten den Anschluss Schleswigs und Holsteins an den Deutschen Bund. Eine schleswig-holsteinische Armee wurde gebildet, die die Festung Rendsburg rasch einnahm. Der Sitz der Provisorischen Regierung wurde von Kiel nach Rendsburg verlegt. Es erging ein Aufruf dieser Regierung an das dänische Volk mit dem Angebot einer Abstimmung im nördlichen Schleswig über die Staatszugehörigkeit.

Die Loslösung der Schleswig-Holsteiner von Dänemark mündete in einen dreijährigen Krieg.

Die durch Freiwillige aus ganz Deutschland unterstützte schleswig-holsteinische Armee errang erste Erfolge, wurde aber schon am 9. April 1848 nördlich von Flensburg bei Bov geschlagen. Siege und Niederlagen wechselten einander ab, zuletzt jedoch unterlag die schleswig-holsteinische Armee der militärischen Übermacht Dänemarks und den politischen Zwängen der europäischen Großmächte. Schleswig-Holstein blieb dänisch.

Auf dem Alten Markt erinnert vor dem ehemaligen Rathaus ein Gedenkstein an die Ereignisse von 1848.

36 1848–1851 Alles vergebens – Schleswig-Holsteinisch-Dänischer Krieg

Am 24. März 1848 war die Stimmung noch euphorisch. Das gab sich aber bereits am 9. April nach der Schlacht bei Bov, in der sich die schleswig-holsteinische Armee der dänischen Übermacht geschlagen geben musste.
Und dabei blieb es auch. Trotz eines Wechsels von Siegen und Niederlagen sollte dieser Krieg der Schleswig-Holsteiner gegen die seit Jahrhunderten bestehende Herrschaft des dänischen Königshauses in den Herzogtümern letztlich verloren gehen.
Als die eiderdänische Regierung in Kopenhagen sich auf die jahrhundertelange Lehnsbindung Schleswigs mit Dänemark und auf die historische Eidergrenze berief und verkündete, dass sie das Herzogtum Schleswig endgültig in das dänische Königreich zu integrieren beabsichtige, erwuchs in den Herzogtümern der Widerstand, es kam zum Aufstand der Bevölkerung gegen die dänische Obrigkeit und am 24. März 1848 zur Bildung der Provisorischen Regierung in Kiel. Am Tag darauf verließ eine rasch gebildete schleswig-holsteinische Armee die Stadt, um die Festung in Rendsburg erfolgreich zu besetzen.
Der sich daraus entwickelnde Krieg zwischen den Schleswig-Holsteinern und Dänemark sollte drei Jahre dauern. Der Krieg heißt in Dänemark „Treårskrigen", in Bezug auf die ganze Auseinandersetzung spricht man in Schleswig-Holstein von der „Erhebung", in Dänemark aber von „oprør" (Aufruhr). Als sich nach anfänglicher Unterstützung der schleswig-holsteinischen Sache Preußen und der Deutsche Bund aus dem Krieg zurückzogen, standen die Herzogtümer am Ende allein da. In der entscheidenden Schlacht bei Idstedt am 25. Juli 1850 errang Dänemark den endgültigen Sieg. Allein auf diesem letzten Schlachtfeld verloren über 1.200 Soldaten ihr Leben. Im Londoner Vertrag zwischen den Großmächten und Dänemark wurden 1852 die alten Zustände, das heißt, der Dänische Gesamtstaat wiederhergestellt, die Herzogtümer blieben dänisch, bekamen allerdings ihre Eigenständigkeit bestätigt.
Auch wenn der schleswig-holsteinische Befreiungskrieg von der Stadt Kiel ausging, blieb die Stadt selbst doch von direkten Kampfhandlungen verschont. Aber viele Söhne der Stadt hatten ihr Leben lassen müssen.
Ein Denkmal für diese Gefallenen der Schleswig-Holstein-Armee, das ursprünglich auf dem St.-Jürgen-Friedhof am Kieler Hauptbahnhof errichtet wurde, befindet sich seit 1955 auf dem Nordfriedhof. Die Inschrift auf dem Obelisken mit dem Eisernen Kreuz lautet: „Hier ruhen gefallene Krieger der Schleswig-Holstein-Armee 1848–1850".

Hier ruhen
gefallene Krieger
der
Schlesw.-Holstein-Armee
1848-1850

37 1853 „Unbekannter alter Mann, großer Zivilist" – Klaus Groth in Kiel

„Lütt Matten, de Has',/ de maak sick een Spaß,/ he weer bi't Studeern/ dat Danzen to lehrn,/ un danz ganz alleen/ op de achtersten Been." Welcher Schleswig-Holsteiner kennt sie nicht, diese Verse aus der Feder von Klaus Groth, und jeder weiß, dass „lütt Matten" sein Tanzvergnügen mit dem Leben bezahlen muss.

Klaus Groth, der wohl berühmteste niederdeutsche Lyriker und Schriftsteller, wurde am 24. April 1819 als Müllerssohn in Heide geboren. Der Dithmarscher wuchs mit der niederdeutschen Sprache auf. Nach dem Besuch des Lehrerseminars in Tondern arbeitete er zunächst als Lehrer an der Mädchenschule in Heide. 1847 quittierte er aus gesundheitlichen Gründen den Dienst und zog für einige Jahre nach Fehmarn, wo 1852 sein bedeutendstes Werk erschien, die Gedichtsammlung „Quickborn" mit dem Untertitel „Volksleben in plattdeutschen Gedichten in Dithmarscher Mundart". Dieses Werk machte Groth mit einem Schlag berühmt.

Den kranken und völlig verarmten 34-Jährigen nahm schließlich Karl Müllenhoff, Professor für deutsche Sprache und Literatur an der Kieler Universität, 1853 in Kiel auf, wo er in einem Nebengebäude der Seebadeanstalt Düsternbrook wohnte, im Winter in der Pension von „Mutter Brandis" in der Faulstraße. Mit Müllenhoff erarbeitete er von Oktober 1854 bis April 1855 eine niederdeutsche Grammatik und Orthographie sowie eine neue Auflage seines „Quickborn".

Klaus Groth habilitierte sich an der Christian-Albrechts-Universität, aber erst 1866 wurde ihm der Titel eines Professors verliehen. Von 1866 bis zu seinem Tod am 1. Juni 1899 wohnte er mit seiner Familie im Schwanenweg. Seine letzte Ruhestätte hat er auf dem Südfriedhof gefunden. Das Wohnhaus Groths am Schwanenweg wurde im Jahre 1909 abgerissen. Auf dem Grundstück wurde ein Sanatorium errichtet, das in Erinnerung an das lyrische Hauptwerk des Dichters den Namen „Quickborn" trug. Vor diesem Gebäude liegt ein zwei Meter hoher Granitfindling, der „Klaus-Groth-Stein", der dem Kieler Ehrenbürger gewidmet ist.

Klaus Groths Wirken war für die Geschichte der niederdeutschen Literatur und Sprache im 19. Jahrhundert von ausschlaggebender Bedeutung. Das Werk dieses Klassikers der niederdeutschen Literatur fand auch weit über Schleswig-Holstein hinaus Beachtung. Die Gedichtsammlung „Quickborn" hat die neue niederdeutsche Literatur begründet.

Im Ratsdienergarten am Kleinen Kiel steht seit 1912 ein Denkmal für den Ehrenbürger der Stadt. Der Kieler Bildhauer Heinrich Mißfeldt gestaltete hier sein Hauptwerk, die überlebensgroße Bronzeskulptur des Dichters inmitten einer breiten Brunnenanlage aus Granit, die auf Reliefbildern aus Muschelkalk Szenen aus Dichtungen Groths aufgreift.

Im Zweiten Weltkrieg wurde diese Bronzestatue abgebaut, um sie einzuschmelzen. Sie wurde aber nach dem Krieg zum Glück zufällig auf einem Hamburger Schrottplatz unter der Bezeichnung „Unbekannter alter Mann, großer Zivilist" wiedergefunden. 1949 erhielt Klaus Groth wieder seinen alten Platz am Kleinen Kiel.

38 1856 Es werde Licht – Die ersten Gaslaternen in Kiel

Bis dahin war es finster in Kiel. Bis 1856 gab es in Kiel nämlich nur 141 öffentliche, mit Rüböl befeuerte Laternen, deren Flammen hinter den matten Scheiben winzig waren. Außerdem flackerten und qualmten sie und tauchten die Straßen in ein verschwommenes Halbdunkel. Die Laternen wurden jeden Abend von fünf Wächtern und einem Aufseher, später von den Nachtwächtern bedient. Die Hausbesitzer mussten dafür auch noch eine Abgabe leisten, das Laternengeld. Mancher Bürger, der etwas auf sich hielt, hatte deshalb direkt vor seinem Haus zusätzlich eine eigene Laterne installiert. Die fortschrittlicheren Bürger der Stadt forderten seit langem die Umstellung der mangelhaften städtischen Beleuchtung auf moderne Gaslampen, wie bereits in 87 anderen großen Städten Deutschlands, in Hannover und Berlin schon seit 1825 bzw. 1826. Ende 1846 wurden in Hamburg schon die meisten Laternen auf Gasbetrieb umgestellt. Lange Zeit hatte die Kieler Bürgerinitiative mit ihrer Forderung allerdings keinerlei Erfolg. Eine so hohe Investition in den Bau einer Gasanstalt und den Umbau der Laternen konnte man sich im rückständigen Magistrat der Stadt nicht vorstellen, und man setzte weiterhin auf die billigere Lösung der Öl- und Tranlampen, die außerdem ausschließlich in den Wintermonaten betrieben wurden. Die Bürger, die in der Dunkelheit ihr Haus verlassen mussten, waren weiterhin auf eine eigene Öllaterne angewiesen oder auf die Lüchtejungs, die mit Hilfe ihrer Stocklaternen den nächtlichen Passanten gegen Entgelt den Weg leuchteten.
Am 11. November 1856, einem besonders trüben und regnerischen Tag, ging der Wunsch der Kieler endlich in Erfüllung, und die 141 Ölfunzeln wurden von einer modernen Gasbeleuchtung abgelöst. 1856 wurden 320 Straßenlaternen aufgestellt. Die Leuchtstärke der städtischen Beleuchtung hatte sich nun vervierfacht. Die Bedienung der Lampen lag weiterhin in den Händen der Nachtwächter. Aber man blieb sparsam. Im Sommer oder bei hellem Mondlicht blieben die Gaslaternen dunkel.
Am Kleinen Kiel, am Standort des heutigen Rathauses, wurde auf dem Grundstück des früheren Waschhofes an der Fleethörn die erste Gasanstalt der Stadt in Betrieb genommen. Die Initiative war von dem Kieler Kaufmann Wilhelm Ahlmann ausgegangen, der auch konkrete Pläne für den Bau der Gasanstalt vorgelegt hatte. Diese Gasanstalt erzeugte ein mit leuchtender Flamme brennendes Gasgemisch, das so genannte „Leuchtgas". In den folgenden Jahrzehnten wurden weitere Gasanstalten in verschiedenen Stadtteilen errichtet.
Das Prunkstück der Kieler Gaslaternen war ein fünfarmiger Kandelaber auf dem Alten Markt, der heute in der Dänischen Straße zu bewundern ist.

39 1857 Eine einfallsreiche Fischersfrau aus Laboe – Beginn der Kieler Fördeschifffahrt

Beeke Sellmer, 59 Jahre alte Fischersfrau aus Laboe, war die erste, die die Zeichen der Zeit richtig verstand. 1857 richtete sie mit ihrem über acht Meter langen Holzboot, dem so genannten Wadenboot, eine regelmäßige Fährverbindung zwischen Laboe und Kiel ein, die erste Verbindung dieser Art zwischen den Dörfern der Probstei und der Stadt, die angesichts der Länge der Förde schon lange wünschenswert gewesen war. Zweimal wöchentlich, mittwochs und sonnabends, wurden für zwei Schillinge sowohl Waren als auch Personen von Laboe nach Kiel befördert. Bei Flaute konnte nicht gesegelt werden, es musste gerudert werden. Mit Beeke Sellmer begann die Geschichte der Kieler Fördeschifffahrt.

Mit dem starken Bevölkerungswachstum Kiels im 19. Jahrhundert und mit dem Ausbau der Werften auf dem Ostufer wurde eine regelmäßige Beförderung auf der Förde immer dringlicher und entsprechend lukrativer. Mehrere Dampferlinien wurden in Gang gesetzt, benannt nach den Farben ihres Anstrichs Blaue, Grüne, Weiße oder Schwarze Linie.

Bis zum Ersten Weltkrieg florierte die Kieler Fördeschifffahrt. Mit der Zunahme anderer Beförderungsmöglichkeiten durch Straßenbahn, Bus und Auto verlor die Fördeschifffahrt im 20. Jahrhundert immer mehr an Bedeutung. Glücklicherweise verkehren aber bis heute die Fördedampfer als Ausflugsschiffe zwischen der Innenstadt und den Bädern an der Außenförde.

Trotz des bereits einsetzenden Rückgangs entstand in den 30er Jahren des 20. Jahrhunderts als Arbeitsbeschaffungsmaßnahme der Plan für ein neues Fahrgastschiff als Auftakt zu einer ganzen Serie. Prototyp sollte die MS „Stadt Kiel" werden, die auf der damaligen Germaniawerft des Krupp-Konzerns auf dem Ostufer gebaut und bei ihrem Stapellauf am 26. Mai 1934 ins Fördewasser gelassen wurde. Sie bot 400 Sitzplätze und ging mit 11,5 Knoten auf die Fahrt über die Förde. Neun Jahre später wurde das Schiff ein Opfer des Zweiten Weltkrieges. Am 14. Mai 1943 wurde es von einer Bombe getroffen, es sank, und sieben Besatzungsmitglieder starben. Weil Schiffe aber in den Kriegszeiten ein wertvolles und rares Gut darstellten, wurde die „Stadt Kiel" gehoben und zur Aufarbeitung ins dänische Svendborg gebracht. Wieder im Heimathafen zurück, wurde das Schiff wieder im Linienverkehr eingesetzt. Einen Höhepunkt ihrer Laufbahn erlebte die „Stadt Kiel" noch einmal während der olympischen Segelwettbewerbe 1972. Vier Jahre später wurde sie außer Dienst gestellt. Doch nochmals sollte das Schiff eine zweite Chance bekommen und der Verschrottung entgehen. Nach etlichen Wirren konnte die „Stadt Kiel" zur Kieler Woche 1983 ihre Karriere als Museumsschiff beginnen. Nach weiteren Reparaturarbeiten steht sie seit 1990 auch als Ausflugsdampfer auf der Förde wieder zur Verfügung.

GERMAN NAVAL YARDS
STADT KIEL
STADT KIEL

40 1861 Realien statt alter Sprachen! – Neue Schulen für die Kieler Jugend

Bis weit in das 19. Jahrhundert hinein gab es in Kiel nur eine Schule, die den heutigen Gymnasien entsprach: die Kieler Gelehrtenschule, die alte Lateinschule der Stadt, die 1320 gegründet worden war. Im späten 18. Jahrhundert wurde sie unterteilt in eine Bürgerschule und eine Lateinschule, die „Gelehrte Schule", beide ausschließlich für Jungen. Die Gelehrtenschule, die seit 1803 in einem Adelspalais in der Küterstraße 5 untergebracht war, wurde von einem Rector geleitet, dem ein Conrector, ein Subrector, ein Collaborator, also ein geistlicher Hilfslehrer, sowie sieben weitere Lehrer zur Seite standen. Nach dem Aufstieg der Stadt in preußischer Zeit konnte die Schule 1868 in einen sehr repräsentativen Neubau in der Dammstraße am Kleinen Kiel umziehen, der leider im Zweiten Weltkrieg vollständig zerstört wurde.

Bis 1861 gab es in Kiel außer dieser ältesten Schule der Stadt einige weitere öffentliche Schulformen wie die Bürgerschulen oder auch Privatschulen wie die Höheren Töchterschulen, zum Beispiel das seit 1843 von Johanna Antoinette Broekel in der Flämischen Straße betriebene Institut für etwa sechsunddreißig Mädchen im Alter zwischen 7 und 15 Jahren, Töchter aus den höheren Kreisen Kiels.

Erst 1861 kam es zu einer grundlegenden Neuordnung des Kieler Schulwesens. Im Sommer des Jahres entschied sich der Magistrat der Stadt für ein Schulsystem, das aus je einer Freischule für Mädchen und Jungen, je einer Bürgerschule für Mädchen und Jungen und je einer Höheren Mädchen- bzw. Knaben-Bürgerschule bestand. Außer in den Freischulen, die ab 1890 Volksschulen hießen, musste in den anderen Schularten Schulgeld entrichtet werden.

Noch im Herbst des Jahres 1861 wurde die Erste Höhere Knaben-Bürgerschule, die jetzige Humboldtschule, mit 260 Schülern eröffnet, beheimatet war sie im Buchwaldschen Hof am Kleinen Kiel, in dem einst der Kieler Frieden unterzeichnet worden war. In den Folgejahren wurde die Schule zunächst zur Realschule, dann zur Oberrealschule (1880) und zum „Reform-Realgymnasium" (1897) weiterentwickelt. Der Unterrichtsschwerpunkt lag im Gegensatz zur Gelehrtenschule auf den Realien, den Naturwissenschaften und den modernen Fremdsprachen. Seit 1877 wurden die Schüler in dem heute unter Denkmalschutz stehenden neugotischen Schulgebäude am Knooper Weg unterrichtet, dessen Eingangsportal heute noch die Schülerinnen und Schüler empfängt.

Zeitgleich wurde auch die Erste Höhere Mädchen-Bürgerschule, die heutige Ricarda-Huch-Schule, mit 195 Schülerinnen, die alle in schwarzen Kleidern mit weißen Spitzenschürzen antreten mussten, als erste öffentliche Schule ihrer Art in SchleswigHolstein eingeweiht. In den Anfangsjahren war die Schule im Jahnschen Hof am Kleinen Kiel untergebracht. 1888 zogen Lehrerinnen und Schülerinnen in einen Neubau am Blocksberg um, der den Bomben des Zweiten Weltkriegs zum Opfer fiel. Die Höhere Mädchenschule wurde später in ein Lyzeum bzw. ein Oberlyzeum umgewandelt. Kurz nach 1900 wurden weitere Höhere Schulen gegründet: die Hebbelschule, die Max-Planck-Schule und die Käthe-Kollwitz-Schule.

41 1862 Ein Anzug macht Karriere – Die Kieler Bluse

Eigentlich ist er schon lange im Rentenalter, denn er ist bereits über 85 Jahre alt. Aber immer noch ist er unverwüstlich, jugendlich tollpatschig und unbeherrscht: Donald Duck, der berühmteste Erpel der Welt. Äußerlich scheint die Zeit spurlos an ihm vorüberzugehen. Was auch beständig ist, ist sein Seemannsoutfit. Walt Disneys Donald Duck ist wohl der bekannteste Träger des Matrosenanzugs in der Gegenwart. Warum nur trägt die populärste Comicfigur der Welt einen „Kieler Anzug"? Wahrscheinlich fand man die maritime Kleidung für den Wasservogel Ente besonders passend. Wie dem auch sei, Donald trägt die „Kieler Bluse", wenn auch mit leichten Variationen, schon seit über 80 Jahren, was beweist, wie zeitlos sie ist.

Über Jahrhunderte entwickelte sich der Matrosenanzug, bestehend aus Hemd, Hose und Mütze in blauem und weißem Tuch, als Uniform der Matrosen. Der charakteristische eckige Kragen geht auf Tücher zurück, die die Matrosen der preußischen Marine zum Schutz ihrer Jacke gegen Verschmutzung trugen. Aus dem traditionellen Halstuch der Matrosen entstand die festgenähte Krawatte.

Im Laufe des 19. Jahrhunderts machte der Matrosenanzug Karriere als blaues oder weißes Kleidungsstück für Jungen aus höheren Gesellschaftsschichten, mit langen oder kurzen Hosen. Später trugen auch Mädchen Matrosenblusen zum blauen Faltenrock oder Matrosenkleider.

Trendsetter war dabei der englische Königshof. 1846 wurde für Edward, den Sohn Königin Victorias, ein Matrosenanzug geschneidert. Ein Porträt des Fünfjährigen in diesem Anzug machte das Kleidungsstück bald in ganz Großbritannien populär. Queen Victoria schenkte auch ihrem deutschen Enkel Wilhelm, dem späteren Kaiser Wilhelm II., einen Matrosenanzug. 1862 zeigte sich der Kronprinz der Hohenzollern zum

ersten Mal in diesem Aufzug. Danach trat der Matrosenanzug auch seinen Siegeszug in Deutschland an, zumal er der allgemeinen Begeisterung für die Marine entsprach.
Nach der Reichsgründung wurde Kiel zum Reichskriegshafen und damit nicht nur für den Kaiser zum Symbol für Deutschlands Zukunft auf dem Wasser. Schnell entstanden in Kiel Textilfabriken, die sich auf die Herstellung von Matrosenkleidung spezialisierten. Weil diese in der Kaiserzeit vor allem in Kiel hergestellt wurde, gab man dem Matrosenanzug auch den Beinamen „Kieler Anzug" oder „Kieler Bluse". Der klassische Kieler Schnitt zeigt einen dunkelblauen viereckigen Kragen mit drei weißen Streifen sowie Schlips.
Es wurde rasch üblich, die Kinder in diesen patriotischen Matrosenanzügen zu fotografieren. Entsprechend viele Fotografien stammen aus den Kieler Familienalben. Jeweils ein Exemplar der Matrosenanzüge für Jungen und Mädchen ist im Kieler Schifffahrtsmuseum ausgestellt.
Wie kein anderes Kleidungsstück wurde der Matrosenanzug zur Einheitskleidung für Kinder und Jugendliche im Wilhelminischen Kaiserreich. Zwischen 1870 und 1930 beherrschte er die Kinderbekleidung in Deutschland wie in ganz Europa. In Ungarn oder Japan zum Beispiel setzte er sich als Schuluniform durch, in Spanien tragen die Kinder ihn zur Erstkommunion.
In Deutschland geriet das Kleidungsstück nach dem Ende des Ersten Weltkrieges schnell in Misskredit. Die Nationalsozialisten betrachteten den Matrosenanzug als reaktionär. Deshalb verschwand der „Kieler Anzug" Anfang der Dreißiger Jahre von der Bildfläche.

42 1864 „Lesen Sie die neueste Ausgabe“ – Der Zeitungsjunge vor den Kieler Nachrichten

„Extrablatt! Die neueste Ausgabe der Kieler Zeitung! Lesen Sie die aktuellsten Nachrichten aus der Stadt und aus aller Welt!“

Das scheint der Zeitungsjunge vor dem Verlagsgebäude der Kieler Nachrichten den Vorübergehenden laut zuzurufen, und er hält ihnen auch bereits ein Exemplar entgegen. Und das tut er nun schon seit 34 Jahren auf dem Asmus-Bremer-Platz. Die 150 Zentimeter hohe bronzene Figur wurde von der Bildhauerin Frauke Wehberg geschaffen, genauso wie die Bronzeplastik des Asmus Bremer auf demselben Platz.

Und Ähnliches rief der Junge auch schon, als vor über 150 Jahren am 19. Juni 1864 die erste Ausgabe der neu erschienenen Kieler Zeitung auszugeben war. Der Bankier und Politiker Wilhelm Ahlmann gründete den Zeitungsverlag in bewegter Zeit.

Die Mittelstadt Kiel mit ihren etwa 18.000 Einwohnern gehörte zu der Zeit noch zu Dänemark, wie auch die Herzogtümer Schleswig und Holstein. Seit der schleswig-holsteinischen Erhebung von 1848 war der Wunsch nach Unabhängigkeit von Dänemark und Selbstständigkeit der Herzogtümer nicht erloschen. Dieses Ziel verfolgte auch der bereits 1848 in der schleswig-holsteinischen Bewegung politisch engagierte Wilhelm Ahlmann mit seiner Kieler Zeitung. Es herrschte Aufbruchsstimmung, denn die Kielerinnen und Kieler standen vor einem entscheidenden Wendepunkt ihrer Geschichte. Alle Teile der Bevölkerung wurden von dieser politisierten Atmosphäre erfasst. Im Jahr 1864 sollte sich im Deutsch-Dänischen-Krieg das Schicksal der Schleswig-Holsteiner und damit auch der Kieler entscheiden.

Wilhelm Ahlmann bezog in seiner Kieler Zeitung eine eindeutige politische Position: Schleswig-Holstein müsse selbstständig werden und ungeteilt bleiben unter der Herrschaft seines angestammten Herzogs Friedrich VIII., es müsse Anschluss bekommen an das geeinte Deutschland unter der Führung Preußens.

Am Ende des 19. Jahrhunderts verkaufte Wilhelm Ahlmann seine Kieler Zeitung an die sächsischen Brüder Leonhardt, denen bereits die 1894 gegründeten Kieler Neuesten Nachrichten gehörten. Die Monopolstellung des Zeitungskonzerns Leonhardt endete 1936 mit dem Bestreben der Nationalsozialisten, alle privaten Zeitungsverlage zu zerschlagen.

Die Brüder Leonhardt bauten das neue Verlagsgebäude in der Fleethörn, vor dem der kleine Zeitungsjunge so tapfer seiner Aufgabe nachkommt.

43 1865 Ohne sie ist Kiel nicht Kiel – Die Kieler Werften

Schon 1865 hatte Georg Howaldt einen kleinen Platz in dem Fischerdorf Ellerbek angemietet. Dort wollte er als neuen Geschäftszweig eine kleine Werft einrichten. Noch im selben Jahr lief sein erstes Schiff vom Stapel. Sinnigerweise trug es den Namen „Vorwärts". Aus dieser kleinen Werft wurde zwei Jahre später die „Königliche Werft Kiel", 1871 die „Kaiserliche Werft Kiel".

Howaldt hatte die Zeichen der Zeit verstanden. Kaiser Wilhelm I. hatte im März 1865 die Verlegung der preußischen Marinestation von Danzig nach Kiel angeordnet. Das Datum bedeutete für Kiel den Beginn einer ganz neuen Zeit, einer Epoche des Aufschwungs und des Wachstums, den Eintritt in die Moderne. Kiel wurde in den Folgejahren mehr und mehr geprägt von Marineeinrichtungen, Militärgebäuden, Kasernen und Industrieanlagen. Kiel entwickelte sich zur Großstadt. Historiker sprechen sogar von einer zweiten Stadtgründung im Jahr 1865. Howaldt war sofort klar, welche Chancen sich mit einem Schiffsbaubetrieb damit eröffneten.

Der Ingenieur Georg Howaldt war ein umtriebiger Unternehmer. 1838 hatte sein Vater August Ferdinand Howaldt mit seinem Kompagnon, dem Kaufmann Johann Schweffel, die erste Maschinenfabrik in Kiel aufgebaut, die mit ihren Dampfmaschinen für den Beginn der Industrialisierung in der Stadt sorgte. Die Dampfmaschinen der Firma betrieben auch Schiffe. 1850 baute „Schweffel&Howaldt" das erste deutsche U-Boot, den von Wilhelm Bauer konstruierten „Brandtaucher". Das Unternehmen wurde von den Söhnen August Howaldts weitergeführt.

Georg Howaldts Energie trieb ihn an, 1876 eine weitere Werft zu gründen, diesmal an der Mündung der Schwentine in Dietrichsdorf. Die „Kieler Schiffswerft" expandierte rasch: Nur sieben Jahre später waren bereits 1.200 Schiffsarbeiter beschäftigt. Die familieneigene Maschinenfabrik der Gebrüder Howaldt belieferte den Werftbetrieb mit den nötigen Maschinen und mit Zubehör. Die

alte Metallgießerei, in der jetzt ein Industriemuseum untergebracht ist, ist das einzige Überbleibsel dieser Werft.
1889 wurden die „Maschinenfabrik Gebrüder Howaldt" und die „Kieler Schiffswerft" von Georg Howaldt zu den „Howaldtswerken" vereinigt. Die Werft erlebte wie auch die anderen Kieler Werftbetriebe einen enormen Aufschwung durch den ehrgeizig vorangetriebenen Ausbau Kiels zum zentralen Marinehafen des Deutschen Kaiserreichs und durch die Aufrüstung vor dem Ersten Weltkrieg. Die Zeit nach dem Krieg und die Weltwirtschaftskrise trieben die Werften fast in den Ruin. Während der nationalsozialistischen Herrschaft und des Zweiten Weltkriegs waren alle Kieler Werften wieder in die gewaltigen Rüstungsanstrengungen eingebunden. Im Zweiten Weltkrieg wurden 80 % der Werftgebäude und 60 % der Maschinen zerstört.
In den Zeiten des Wiederaufbaus und des Wirtschaftswunders ging es zunächst wieder aufwärts mit dem Schiffbau, bis weltweite Krisen der Branche zu Stagnation und Rückgang führten. Nach wechselvollen Zeiten und wechselnden Betriebsformen und Besitzverhältnissen hat sich der Werftstandort aber immer noch als wichtiger Wirtschaftszweig der Stadt Kiel erhalten.
„Der Werftarbeiter" im Schlossgarten kniet gegenüber seiner Werft.

44 1866 „In blauer Stille liegt die Kieler Bucht" – Der Blick vom Haus Forsteck

Dort, wo heute der Diederichsen-Park liegt, ließen sich vor etwa 150 Jahren 1866 der Hamburger Industrielle Heinrich Adolph Meyer und seine Frau Marie eine Villa bauen, das „Haus Forsteck". In seiner Fabrik produzierte Meyer Waren aus Elfen- und Fischbein. In seiner Freizeit beschäftigte sich Meyer als begeisterter Autodidakt mit der Meeresforschung und unternahm auf Anregung seines Freundes, des Kieler Professors für Meeresbiologie Karl Möbius, Forschungsfahrten in der Kieler Förde und auf der Ostsee. So lernten die Eheleute Meyer Kiel und die Umgebung der Kieler Förde kennen und lieben, so dass sie beschlossen, sich hier niederzulassen.

Das weltoffene Ehepaar Meyer stand der Demokratiebewegung von 1848 nahe; beide setzten sich zum Beispiel engagiert für die Frauenbildung ein. Beide waren naturwissenschaftlich interessiert, aber gleichermaßen musisch und machten ihr Haus Forsteck im Sinne eines Salons zu einem geistig-kulturellen Zentrum Kiels. Sie waren sehr gastfreundlich und beherbergten Freunde und Verwandte teilweise sogar wochenlang, darunter namhafte Vertreter aus Kunst, Wissenschaft und Politik. Die Gelehrten der Kieler Universität, unter ihnen Schleswig-Holsteins erste Professorin Johanna Mestorf und die Physiker Hermann von Helmholtz und Heinrich Hertz, der Mediziner Rudolf Virchow, verkehrten ebenso im Haus Forsteck wie der Komponist Johannes Brahms, die Pianistin Clara Schumann, der damalige Innenminister der USA, Carl Schurz, mit seiner Frau Margarethe Meyer-Schurz, Schwester von Adolph Meyer und Gründerin des ersten Kindergartens in den USA, und viele weitere Gäste. Als Nachbar war der Dichter Klaus Groth ein Stammgast im Haus Forsteck.

Vom 21. bis 28. September 1878 folgten auch Theodor und Emilie Fontane einer Einladung der Meyers nach Kiel. Fontane traf dort unter anderem mit Klaus Groth zum kollegialen Austausch zusammen.

Von der Terrasse des Meyerschen Anwesens hatte man eine fantastische Aussicht über die Kieler Förde. Gerade nach Berlin zurückgekehrt, verfasste Fontane das folgende Gedicht vom 2. Oktober 1878, welches er seinen Gastgebern Marie und Adolph Meyer widmete.

Gelb wird das Laub, es rötet sich die Frucht,
In blauer Stille liegt die Kieler Bucht,
Es schweigt der Wind, die Fläche zittert kaum,
Und nur die Möwen sind wie Wellenschaum.

Und hier am Ufer, aus der Waldesnacht
Uralter Eichen hell ein Giebel lacht,
Ein heller Giebel und ein helles Haus,
Und wie von Tauben fliegt es ein und aus,
In Blumen steht es Lenz' und Herbsteszeit
Ein sichtbar Zeichen seiner Gastlichkeit.

Das Gittertor am Parke schließt sich nie,
Die hohen Fenster, „komm nur" sprechen sie,
Und Virchow kommt und feiert Nach-Kongreß,
Stockhausen kommt und schwelgt in Fug' und Mess',
Und Niepa kommt, vom Zeitungsdienste müd,
Und Lindau kommt im Glanz von „Nord und Süd"
Und einer noch (es zögerte sein Fuß
Im Abschieds-Augenblick) ... und hier – sein Gruß.

Nach dem Tod Adolph Meyers 1889 kam das gesellschaftliche Leben auf Forsteck zum Erliegen, bis der Reeder und Werftbesitzer Heinrich Diederichsen das Haus 1893 kaufte und es 1905 umbaute. Er nahm bis zu seinem Tod 1942 auch die Tradition der wissenschaftlichen, musischen und literarischen Abende wieder auf. Die Villa wurde 1944 bei einem Bombenangriff schwer beschädigt und bis auf die noch sichtbaren Mauerreste abgerissen. Auf dem Gelände des Hauses Forsteck befindet sich seit 1957 der Diederichsen-Park, benannt nach dem letzten Eigentümer. Dort erinnern ein Gedenkstein und eine Informationsstele an das seinerzeit berühmte „Haus Forsteck".

45 1869 „Ich trage, wo ich gehe, stets eine Uhr bei mir…" – Der Komponist Carl Loewe

Als er nach Kiel zog, war seine Lebensuhr schon beinahe abgelaufen. Der Balladenkomponist Carl Loewe war 1796 in ein musikalisches Elternhaus hineingeboren worden. Schon als Kind trat er als Sänger auf und erhielt Kompositionsunterricht. In Halle studierte er Theologie, ohne allerdings das Komponieren aufzugeben. 46 Jahre lang war er Gymnasiallehrer und städtischer Musikdirektor in Stettin sowie Kantor und Organist der dortigen Jakobikirche und erwarb sich darüber hinaus einen guten Ruf als Dirigent, Pianist und Sänger.

1864 erlitt Loewe einen schweren Schlaganfall. Nun zeigte sich, wie dankbar sich die Stadt Stettin für seine fast fünfzigjährige Treue erwies: 1866 wurde er aufgefordert, seinen Abschied zu nehmen. Loewe zog daraufhin nach Kiel, wo er bei seiner ältesten Tochter Julie von Bothwell seinen Lebensabend verbrachte.

Carl Loewe starb am 20. April 1869 in Kiel und fand seine letzte Ruhestätte auf dem Parkfriedhof Eichhof. Ihm zu Ehren hängt eine Gedenktafel in der Nikolaikirche, und eine Straße wurde in Kiel nach ihm benannt. 1905 widmete die Stadt dem Komponisten ein Denkmal mit einer Bronzebüste und stellte es am Carl-Loewe-Weg auf. Dort steht die Büste nach einem Standortwechsel heute wieder.

Carl Loewe ist der „Balladenkönig". In der romantischen Musik hat Loewe die Ballade zur Blüte geführt. Durch seine große Begabung, die von ihm gewählten Themen aus der Geschichte, der Sagen- und der Märchenwelt eindringlich zu schildern und die Vorgänge tonmalerisch zu gestalten, hat er diese Liedform besonders weiterentwickelt. Zu den bekanntesten seiner rund 400 romantischen Balladen gehören „Die Uhr", „Tom der Reimer" sowie „Erlkönig".

Johann Karl Gottfried Loewe: „Die Uhr", 1830, op. 123 Nr. 3

Ich trage, wo ich gehe,
Stets eine Uhr bei mir;
Wieviel es geschlagen habe,
Genau seh ich an ihr.

Es ist ein großer Meister,
Der künstlich ihr Werk gefügt,
Wenngleich ihr Gang nicht immer
Dem törichten Wunsche genügt.

Ich wollte, sie wäre rascher
Gegangen an manchem Tag;
Ich wollte, sie hätte manchmal
Verzögert den raschen Schlag

In meinen Leiden und Freuden,
In Sturm und in der Ruh,
Was immer geschah im Leben,
Sie pochte den Takt dazu.

Sie schlug am Sarge des Vaters,
Sie schlug an des Freundes Bahr,
Sie schlug am Morgen der Liebe,
Sie schlug am Traualtar.

Sie schlug an der Wiege des Kindes,
Sie schlägt, will's Gott, noch oft,
Wenn bessere Tage kommen,
Wie meine Seele es hofft.

Und ward sie auch einmal träger,
Und drohte zu stocken ihr Lauf,
So zog der Meister immer
Großmütig sie wieder auf.

Doch stände sie einmal stille,
Dann wär's um sie geschehn,
Kein andrer, als der sie fügte,
Bringt die Zerstörte zum Gehn.

Dann müßt ich zum Meister wandern,
Der wohnt am Ende wohl weit,
Wohl draußen, jenseits der Erde,
Wohl dort in der Ewigkeit!

Dann gäb ich sie ihm zurücke
Mit dankbar kindlichem Flehn:
Sieh, Herr, ich hab nichts verdorben,
Sie blieb von selber stehn.

(Text: Johann Gabriel Seil, 1804–1875)

46 1870 Der dritte Krieg in sechs Jahren – Der Deutsch-Französische Krieg

Und schon wieder mussten junge Schleswig-Holsteiner innerhalb von nur sechs Jahren zu den Waffen greifen und in einen Krieg ziehen. Nur sechs Jahre waren vergangen, seit die Herzogtümer Schleswig und Holstein nach dem deutsch-dänischen Krieg 1864 nach über 600 Jahren aus ihrer Zugehörigkeit zum Dänischen Königreich herausgelöst worden waren. Zunächst war die Stadt Kiel zweigeteilt in ein österreichisches und ein preußisches Gebiet. Im Krieg zwischen den beiden deutschen Großmächten 1867 wurde Kiel schließlich endgültig preußisch.
Der dritte Krieg in Folge, nun zwischen Deutschland und Frankreich, der dritte der so genannten „Einigungskriege", bedeutete ebenfalls ein schicksalhaftes Ereignis für die Kieler Geschichte. Am 2. September 1870 unterlag die französische Armee mit ihrem Kaiser Napoleon III. bei Sedan an der belgischen Grenze den deutschen Truppen. Das Ende des Krieges führte zum Zusammenbruch des französischen Kaiserreichs und zur Gefangennahme Napoleons. In der Folge dieses Sieges erfolgte die Gründung des Deutschen Reiches und in Versailles 1871 die Proklamation des preußischen Königs zum Deutschen Kaiser.
Die Ereignisse von Sedan behielten fortan für das Deutsche Kaiserreich eine herausgehobene Bedeutung. Alljährlich fanden Gedenkfeiern zum so genannten Sedantag am 2. September, quasi einem deutschen Nationalfeiertag, statt. Militärparaden und Flaggenmeer überall, selbstverständlich auch in Kiel. In den Schulen fiel der Unterricht aus zugunsten patriotischer Feiern in der Aula.
Am Sedantag des Jahres 1879 wurde im Schlossgarten ein monumentales Bronzedenkmal zur Erinnerung an die Gefallenen des Deutsch-Französischen Krieges eingeweiht. Der Berliner Bildhauer Rudolf Siemering und der Kieler Architekt Heinrich Moldenschardt hatten es gestaltet.
Wie auf einer großen Bühne zeigen in dem Sandsteinhalbrund zwei Bronzereliefs Figuren und Szenen aus der Zeit der Vorbereitungen des Krieges. Alte wie junge Menschen sind zu sehen, Zivilisten und Uniformierte. Es werden Szenen des Abschieds von Söhnen und Ehemännern dargestellt, um das große Opfer der Bevölkerung für den „vaterländischen Kampf" hervorzuheben. Die Darstellung der grausamen Seite des Krieges wird bewusst vermieden. Über dem Bronzefries steht: „Nun ist die Kette wieder voll, weh dem, der daran rühren soll! Wir lassen Pflug und Hammer, wir lassen Buch und Kammer, in Arbeit einig und in Wehr, mit Gott und unserm Kaiser ein Haus, ein Volk, ein Heer!" Die das Halbrund begrenzenden Seitenpfeiler tragen die Wappen von Elsass und Lothringen als den nun wieder zu Deutschland gehörenden Gebieten. Im Mittelteil sind unter der Inschrift „Den Kämpfern für Deutschlands Ehre und Einheit" die einzelnen Regimenter des deutschen Heeres aufgezählt.

47 1871 Schon wieder ein Schicksalsjahr – Kiel wird Reichskriegshafen

Er ist schon eine imponierende Gestalt, der deutsche Kaiser Wilhelm I., wie er hoch zu Ross im Schlossgarten auf seine Untertanen herabblickt. Stolz spricht aus den Zügen des Mannes, der Deutschland geeint und das Deutsche Kaiserreich begründet hatte.

Nach dem für die Deutschen erfolgreichen Krieg gegen Frankreich, das Elsass und Lothringen an Deutschland abtreten musste, traten die süddeutschen Länder dem Norddeutschen Bund bei und ermöglichten durch diesen Schritt die Bildung eines Nationalstaates aus allen deutschen Einzelstaaten. Eine Verfassung wurde erarbeitet. Das Deutsche Reich war gegründet. Am 18. Januar 1871 proklamierten die deutschen Fürsten und militärische Würdenträger im Spiegelsaal von Versailles den preußischen König zum Deutschen Kaiser Wilhelm I..

Mit der Gründung des Deutschen Reiches wurden Wilhelmshaven und Kiel zu Reichskriegshäfen erklärt. Danach kam es zum kräftigen Ausbau der Marinestation und zum Aufbau weiterer Werften wie der Kaiserlichen Werft. Kiel erlebte ein enormes Bevölkerungswachstum und damit einen unglaublichen wirtschaftlichen Aufschwung.

Das Bronzestandbild des Kaisers auf einem Granitsockel schuf Adolf Brütt 1896. Schon kurz nach dem Tod Wilhelms I. 1888 entstand der Plan, dem Reichsgründer ein rühmendes Denkmal zu setzen. Brütt erhielt den Auftrag, da er sich hohes Ansehen erworben hatte für seine beeindruckenden Skulpturen und historischen Standbilder.

Die feierliche Enthüllung des Denkmals wurde in Gegenwart des Kaiserenkels Wilhelm II. und seiner Gemahlin Kaiserin Auguste Viktoria sowie zahlreicher ranghoher Würdenträger vollzogen. Abordnungen der Werftarbeiter, der Handwerkerinnungen, der Gesangsvereine und der Turnvereine marschierten auf. Vor dem Portal der alten Universität salutierten die Studenten.

Auch viele Schleswig-Holsteiner feierten bei diesem Anlass den alten Kaiser als Befreier Schleswig-Holsteins von der dänischen Fremdherrschaft. Ein Relief im Sockel erinnert an die Schlacht bei Eckernförde 1849. Dankbarkeit empfand man auch für den Bau des Kanals. Auf der anderen Seite des Sockels ist ein Bronzerelief eingelassen, das die Grundsteinlegung durch Wilhelm I. würdigt. Nach der fehlgeschlagenen Erhebung 1848–1851 und auch nach der Annexion der Herzogtümer durch Preußen 1867 musste die Hoffnung auf Freiheit und Eigenständigkeit Schleswig-Holsteins endgültig begraben werden. Erst nach der Reichseinigung wandelte sich allmählich die Ablehnung Preußens durch die Schleswig-Holsteiner in Begeisterung für das deutsche Kaisertum.

Als es 25 Jahre nach der Reichsgründung im Schlossgarten aufgestellt wurde, war das Denkmal noch üppiger gestaltet. Drei Figuren, ein Seemann als Symbol für die Schifffahrt, eine Bäuerin und eine Fischerin ebenfalls als Symbolfiguren, umgaben ihren Kaiser. Etliche Texttafeln stellten die Heldentaten des Monarchen dar. Während des Zweiten Weltkriegs hielt man das wertvolle Metall eher dafür geeignet, daraus Kanonen für den neuen großen Krieg zu gießen.

48 1873 „Krone der Stadt Kiel“ – Der Alte Botanische Garten

Wo findet man den idealen Standort für einen Botanischen Garten? In Kiel hat man dafür fast 350 Jahre gebraucht und es fünfmal versucht.

Bereits vier Jahre nach der Gründung der Christian-Albrechts-Universität wurde 1669 ein erster Botanischer Garten angelegt, der sechstälteste in Deutschland. Johann Daniel Major, als Professor für Medizin an die neue Universität berufen, brachte die Idee von seinem Studium in Padua mit und konnte den Herzog davon überzeugen, ihm ein Viertel des damaligen Schlossgartens abzutreten, um dort einen „hortus botanicus" oder auch „hortus medicus" zur Demonstration für die Medizinstudenten aufzubauen. 1727 zog der Botanische Garten um zum Kieler Kloster in der Haßstraße, in dem auch die Universität untergebracht war. 1802 erfolgte ein weiterer Umzug, und der dritte, auch recht ausgedehnte Botanische Garten lag nun neben dem Akademischen Krankenhaus in der Prüne, wo zum ersten Mal auch Gewächshäuser für südafrikanische Sukkulenten entstanden. Hier liegt der Ursprung für die nunmehr Jahrhunderte alte Kieler Sukkulententradition.

Nach der Errichtung der neuen Universitätsgebäude im nördlichen Teil des Schlossgartens wurde nach einem neuen, näher gelegenen Ort für den Botanischen Garten gesucht. 1873 wurde ein vierter Standort im ehemaligen Dorf Brunswik nahe der Universität gefunden. Hier lagen die Gärten mit den Sommerhäusern von wohlhabenden Kieler Bürgern. Das Gartengrundstück, der Sommersitz des Kieler Tabakfabrikanten Abraham Christian Brauer am Schwanenweg, das nach dessen Tod von der Universität erworben wurde, lag auf der Geestabbruchkante des Kieler Westufers, einer hügeligen Endmoräne, die eine besonders reizvolle Anlage des Gartens und einen einmaligen Blick über die Förde ermöglichte. Aus dem ehemals Königlich Dänischen wurde nun ein Königlich Preußischer Botanischer Garten in einer Größe von zweieinhalb Hektar mit 280 verschiedenen, zum Teil sehr seltenen Baumarten. Hier entstand der erste Botanische Garten der Welt, der nach rein pflanzengeografischen Aspekten angelegt wurde. 1891 wurde auf der mit 28 Metern höchsten Erhebung ein achteckiger romantischer Aussichtspavillon aus Backstein mit einer filigranen schmiedeeisernen Haube errichtet. Diese ist die „Krone" des Gartens.

Während alle früheren Gärten unter einer Überbauung verschwunden sind, ist der Garten am Schwanenweg als „Alter Botanischer Garten" mit seiner Artenvielfalt und der prächtigen Blüte im Frühjahr weiterhin zugänglich. Das 1906 im typischen Fachwerkstil der Zeit errichtete Wohnhaus des Garteninspektors beherbergt heute das Literaturhaus.

Der neue Botanische Garten, als nördlichster in Deutschland, befindet sich seit 1985 auf dem Campus der Universität, auf der etwa acht Hektar großen ehemaligen Ackerfläche des „Kieler Hofes".

49 1876 Am Eingang wachen Aristoteles und seine Kollegen – Die neue Universität am Schlossgarten

In preußischer Zeit nach 1865 war die Christian-Albrechts-Universität erneut in ihrem Fortbestand bedroht. Die preußische Regierung hatte wenig Interesse an einer so kleinen regionalen Landesuniversität und erwog deren Schließung. Glücklicherweise fiel dann aber doch die Entscheidung zugunsten der Kieler Universität aus. Das an Humboldts Bildungsmodell orientierte preußische Hochschulwesen brachte erhebliche Veränderungen mit sich, die Garantie der Freiheit für Forschung und Lehre sowie die akademische Selbstverwaltung.

Mit der Entscheidung für einen Neubau des Universitätsgebäudes 1869 und erst recht mit der feierlichen Einweihung des neuen Kollegiengebäudes 1876 war die Existenz der Hochschule gesichert. Die alten Gebäude an der Kattenstraße boten längst nicht mehr genügend Raum. Der Neubau entstand nach den Entwürfen der Berliner Architekten Martin Gropius und Heino Schmieden am nördlichen Ende des Schlossgartens, neben einem repräsentativen Hauptgebäude auch die neue Universitätsbibliothek und das Zoologische Museum. Dahinter entstand zwischen 1872 und 1891 auf dem so genannten „Krankenhausberg" das Klinikviertel mit elf Instituten. Die Universität entwickelte sich zur preußischen Universität und expandierte entsprechend dem Aufstieg der Stadt Kiel zum Marine- und Werftzentrum.

Am Eingangsportal des zentralen Kollegiengebäudes wachten seit 1881 die Philosophen Platon, Solon, Hippokrates und Aristoteles. Geschaffen wurden sie von den Berliner Bildhauern Gustav Eberlein und Carl Begas. Die monumentalen Kalksandsteinskulpturen der großen Denker, jeder für sich Inbegriff universeller und humanistischer Bildung, symbolisierten die vier klassischen Fakultäten der Universität.

Diesem Anspruch machte die Universität in der NS-Zeit allerdings keine Ehre. Sie spielte mit einem besonders ausgeprägten nationalsozialistischen Profil sogar eine sehr unrühmliche Rolle. Schon 1933 wurde die Hochschule gleichgeschaltet. Einzelne Fachbereiche der Universität wurden zu regelrechten NS-Kaderschmieden. Liberal gesinnte und jüdische Lehrer in großer Zahl wurden vertrieben.

Der Zweite Weltkrieg bedeutete nahezu das Ende der Universität. Das Kollegiengebäude am Schlossgarten wurde völlig zerstört. Die vier Philosophenstatuen blieben unter Trümmern begraben.

Nach dem Kriegsende erhielt die Christian-Albrechts-Universität ihren neuen Standort am Stadtrand. Seit den 60er Jahren veränderte sich das äußere Erscheinungsbild der Hochschule durch zeitgemäße Architektur ganz erheblich, und neue Standorte kamen hinzu. Gegenwärtig studieren weit über 25.000 Studentinnen und Studenten an den acht Fakultäten der Kieler Universität in 185 Studiengängen. Im Jahr 2015 konnte die CAU ihr 350. Jubiläum

feiern, zu dem auch ihr Gründer, Herzog Christian Albrecht, wieder „auferstand“.
Auferstanden ist auch der Aristoteles, allerdings kopflos. Bruchstücke dieser Statue wurden bei Bauarbeiten gefunden. Die 1,2 Tonnen schwere Statue steht nun im Eingangsbereich des Audimax am Westring. Gerade die fragmentarische Gestalt gemahnt an die wechselvolle Geschichte der Christians-Albrechts-Universität und ihres Leitspruchs „Frieden ist das höchste Gut“.

50 1881 „Das liebe Publikum lässt sich stoßen und quetschen" – Die Kieler Straßenbahn

Das traurige Ende: Am 5. Mai 1985 fuhr die Kieler Straßenbahn Linie 4 zum letzten Mal auf der Strecke von der Wik durch die ganze vier Kilometer lange Holtenauer Straße bis Wellingdorf, einmal ganz um die Förde herum.
Zuvor: 100 Jahre Kieler Straßenbahn!
Der fröhliche Beginn: Am 8. Juli 1881 wurde die Kieler Straßenbahn als Pferdebahn eröffnet. Bis dahin waren die Kieler entweder zu Fuß unterwegs gewesen, oder sie nutzten eine eigene oder gemietete Kutsche oder bedienten sich der Portechaisenträger, die ihre Kunden in einer Sänfte durch die Stadt trugen.
Andere Städte besaßen bereits Pferdestraßenbahnen, wie Berlin seit 1865 oder Hamburg seit 1866. Kiel in seiner Stellung als Reichskriegshafen hatte zwar zeitweise einen Pferdeomnibus, sollte aber nun nachrücken und auch eine Pferdestraßenbahn erhalten.
Die Pferdebahn hatte eine relativ schmale Spurweite von 110 cm, die bis zum Betriebsende 1985 beibehalten wurde. 13 geschlossene und ein offener Wagen wurden beschafft sowie 60 Pferde, speziell ausgebildete Schleswiger Kaltblüter. 30 Bedienstete, darunter elf Kutscher und zehn Schaffner, wurden eingestellt. Auf gerader Strecke wurde die Bahn von einem Pferd gezogen, bei Steigungen auch von zwei. Sie erreichte eine Geschwindigkeit von 8 bis 10 km/h.
Zunächst legte die Linie einen Weg vom neuen Pferdebahndepot am Rondeel über Sophienblatt und Bahnhof zum Wall und Prinzengarten sowie über den Markt und die Holstenstraße zum Rondeel zurück. Einige Wochen später wurde die Fahrstrecke bis zur Seebadeanstalt Düsternbrook verlängert. In den Folgejahren weitete sich das Netz der Pferdebahn immer weiter in alle Richtungen aus. Angesichts eines recht hohen Fahrpreises von 10, 15 und 20 Pfennigen wurde die Pferdebahn eher für den Ausflugsverkehr genutzt, kaum für den Berufsverkehr. Da ging man weiterhin zu Fuß. Trotzdem kam es oft zu erheblichem Gedränge in der Bahn. Die Kieler Zeitung kommentierte 1896: „Das liebe Publikum lässt sich stoßen und quetschen." Die alte Pferdebahn trat am 23. Mai 1896 ihre letzte Fahrt an.
Am 12. Mai 1896 wurde die erste elektrische Straßenbahn in Betrieb genommen, und das gesamte Netz wurde gleichzeitig erweitert. Mit ihrer „rasenden Geschwindigkeit" von 15 bis 30 km/h und ihren ungewohnten Geräuschen löste die elektrische Bahn zunächst allgemeinen Schrecken aus. Ihre Strecke reichte vom Bahnhof über die Holtenauer Straße bis zum Belvedere. Zwei weitere Linien folgten noch im selben Jahr. Mit dem weiteren Netzausbau bis zum Ersten Weltkrieg wurde die Gesamtlänge der Strecke auf 40 km erhöht mit zehn zweigleisigen Linien.

Mit dem Kriegsende 1945 brach der öffentliche Nahverkehr in Kiel komplett zusammen. Nach und nach wurde das Verkehrsnetz bis 1949 wieder vollständig aufgebaut. Der Kieler Generalverkehrsplan von 1977 sah die Abschaffung der Straßenbahn vor, so dass die Linie 4 als letzte Linie am 4. Mai 1985 ihren Dienst einstellte. Mit dieser längsten und wichtigsten Linie der Kieler Straßenbahn, die Westufer und Ostufer miteinander verbunden hatte, endete nach fast 104 Jahren das Zeitalter der Straßenbahnen in Kiel.
Im Museumsbahnhof Schönberger Strand ist neben anderen historischen Bahnen noch ein Wagen der legendären Linie 4 zu bestaunen.

51 1882 Rheumamittel für eine alte Dame – Der Strandkorb

Juni 1882. Elfriede von Maltzahn lehnt sich zurück, endlich bequem sitzen und trotzdem die Sommerfrische genießen können, endlich keine rheumatischen Beschwerden mehr. Entspannt betrachtet die alte Dame die Vorübergehenden am Strand von Warnemünde, die voller Erstaunen zu ihr hinüberblicken. Kein Wunder, denn sie sitzt in einem völlig neuartigen Strandsitzmöbel aus Weiden und Rohrgeflecht, mit einem grauen Markisenstoff bezogen. Die adelige Dame sitzt im ersten Strandkorb der Welt. Der Korbmacher Wilhelm Bartelmann aus Rostock hat ihn in ihrem Auftrag angefertigt, einen bequemen Einsitzer als Schutz gegen Sonne und Wind.

Der Strandkorb war erfunden und trat seinen unvergleichlichen Siegeszug an. Wilhelm Bartelmann entwickelte seine Erfindung kontinuierlich weiter, immer fortschrittlichere Modelle, auch ein Jahr später den Zweisitzer, und schließlich gründete seine Frau auch die erste Strandkorbvermietung in Warnemünde. Die Produktion lief rasch an. Leider hatte Bartelmann es versäumt, sein Patent anzumelden. So fand Bartelmanns Strandstuhl schnell Nachahmer, die das Ausgangsmodell mit Fußablagen, Armlehnen oder Ausklapptischen ergänzten und Halbliege- und Ganzliegemodelle entwickelten.

Am 12. August 1882 schrieb Theodor Fontane an seine Frau Emilie einen Brief von Norderney: „Vom Kurhause ging ich an den Strand und dämmerte so von Bank zu Bank. Als ich an der Hauptstelle war, wo viele hunderte von Korbhütten stehen, in denen man die Seeluft genießt, …“

Um 1900 waren in allen deutschen Küstenbädern Strandkörbe zu sehen, auch an der Kieler Förde. Die ersten deutschen Seebäder an Nord- und Ostsee waren gegen Ende des 18. Jahrhunderts entstanden. Mit der Ausbreitung der Seebäder entwickelte sich eine Badekultur, die ganz rigiden Sittlichkeitsvorschriften genügen musste. Denen wurde durch entsprechende Badekleidung Rechnung getragen, und indem man an den Stränden Badehütten oder Badekarren aufstellte, die die Badenden vor unerwünschten Blicken schützen sollten. Zum Schutz gegen Sonne und Wind zog man sich auch in Strandzelte zurück, in denen man auf Bänken oder Strandstühlen sitzen konnte. Nun kam der Strandkorb als modernste Sitzgelegenheit am Strand hinzu.

Ein Strand ohne Strandkörbe – in Schleswig-Holstein undenkbar. Unzählige Strandkörbe reihen sich im Sommer aneinander an den Stränden von Laboe bis Strande rund um die Kieler Förde.

52 1882 Vorwärts mit Gott – Die Marinegarnisonkirchen

„Mit Gott für König und Vaterland". Diese Devise gab 1813 Friedrich Wilhelm III. von Preußen an seine Soldaten aus. Ein gutes Jahrhundert später schickte auch Kaiser Wilhelm II. seine Truppen im August 1914 mit folgender Ansprache in einen unheilvollen Krieg: „Wir werden diesen Kampf bestehen gegen eine Welt von Feinden! Noch nie war Deutschland überwunden, wenn es einig war. Vorwärts mit Gott, der mit uns sein wird, wie er mit den Vätern war!" Schade nur, dass auch die Engländer, Franzosen und Russen Gott für ihre Partei reklamierten. Da hätte Gott allerdings viel zu tun...

Vor diesem Hintergrund bedurften die unzähligen Angehörigen der Marine in Kiel dringend der Seelsorge. Nachdem 1865 die Danziger Flottenstation nach Kiel verlegt worden war, begann die Karriere Kiels als Marinestadt, erst recht als 1871 auch noch der Status des Reichskriegshafens hinzukam mit dem Auftrag, die deutsche Kriegsflotte aufzubauen und zu beheimaten. Diese Veränderungen brachten nicht nur die Gründung von Werften auf dem Ostufer mit sich, sondern vor allem auch die Stationierung der Marine auf dem Westufer.

Aber wohin mit den vielen Einrichtungen und besonders den vielen Angehörigen der Marine? In der Altstadt war kein Platz. Da bot sich der 1893 neu eingemeindete Stadtteil Wik an, der sich daraufhin zu einem umfangreichen Kasernenstandort und zum größten Kriegshafen Deutschlands entwickelte.

Offen blieb zunächst die Frage der Seelsorge. Von 1878 bis 1882 wurde deshalb eigens für die in Kiel stationierte Marine eine erste Garnisonkirche am Niemannsweg erbaut, die spätere Pauluskirche, und zwar als Simultankirche, das heißt, sie stand sowohl der evangelischen als auch der katholischen Gemeinde zur Verfügung. Schon nach kurzer Zeit reichte der Platz in der Kirche nicht mehr aus für die vielen Teilnehmer an den Gottesdiensten, deren Besuch damals noch eine Selbstverständlichkeit war. So wurden im Auftrag des Großadmirals Alfred von Tirpitz zwei weitere Garnisonkirchen gebaut.

Für die katholischen Marinesoldaten wurde im Jahr 1907/08 eine eigene Kirche errichtet, die St.-Heinrich-Kirche in der Feldstraße. Für die evangelische Marinegemeinde befand man einen Standort in der Wik in der Nähe des Kasernenviertels für geeignet. Dieses neue Gotteshaus wurde 1905 bis 1907 gebaut und konnte termingerecht am 18. Dezember 1907 als Garnisonkirche eingeweiht werden.

Weil die enge Nähe der Nachbarschaftshäuser die Lage der Kirche beeinträchtigte, entschloss man sich, die Kirche um 90 Grad zu drehen und von der kirchlichen Tradition einer Ausrichtung von Gotteshäusern nach Osten abzuweichen. Durch die Drehung war der Kirchturm nun von der Stadt aus in seiner ganzen imposanten Größe zu sehen.

Die Petruskirche galt als ein Wendepunkt im modernen Kirchenbau des frühen 20. Jahrhunderts. Als „totaler" Backsteinbau erweckt sie den Eindruck besonderer Wehrhaftigkeit. Über der offenen dreibogigen Arkadeneingangshalle erhebt sich der sehr hoch aufragende querrechteckige Turm, dessen Mauern völlig schlicht und geschlossen sind bis auf die mit Stabwerk vergitterte Schallöffnung des Glockenraums. Nach dem Zweiten Weltkrieg wurde die beschädigte Kirche 1949 wieder aufgebaut.

53 1888 Kiels Lieblingsprinz – Die Stadtgöttin Kilia für Prinz Heinrich von Preußen

Ein Prinz aus dem höchsten Haus, der ab 1880 seinen Dienst- und Wohnsitz im Kieler Schloss nahm. Diese Aufwertung der Stadt machte Furore: Kiel als Residenz des Hohenzollernprinzen Albert Wilhelm Heinrich von Preußen, des jüngeren Bruders Kaiser Wilhelms II., Heinrich war Großadmiral und Inspekteur der Marine.
Seine eigene Mutter, die Kaiserin Victoria, fällte in einem Brief an ihre Mutter, Queen Victoria von England, ein vernichtendes Urteil über ihren Sohn: „Er ist schrecklich zurückgeblieben in allem ... hoffnungslos faul – langweilig und träge."
Trotz dieser Vorhersage machte Prinz Heinrich eine traumhafte Karriere in der Marine. 1877 trat der Fünfzehnjährige seine Ausbildung zum Seeoffizier in der Kaiserlichen Marine an und besuchte die Marineschule und in den anschließenden Jahren die Marineakademie in Kiel. Ab da blieb sein Leben eng mit Kiel verbunden. Nach mehreren Schiffskommandos und Einsätzen wurde er 1903 Chef der Marinestation Ostsee, 1906 Oberbefehlshaber der deutschen Hochseeflotte und 1909 Großadmiral und Inspekteur der Marine. Erfolge konnte Heinrich auch auf diplomatischem Gebiet verbuchen: Er wurde als erster europäischer Prinz am chinesischen Kaiserhof empfangen.
Am 24. Mai 1888 heiratete Prinz Heinrich seine Cousine Prinzessin Irene von Hessen-Darmstadt, eine Schwester der russischen Zarin Alexandra, und zog mit ihr im Kieler Schloss ein, das seit dem Beginn der preußischen Herrschaft in Schleswig-Holstein im Besitz der Hohenzollern war. Aus diesem Anlass wurden der westliche und östliche Flügel des Schlosses zu einer repräsentativen Residenz ausgebaut, in der auch der Kaiser während seiner Aufenthalte in Kiel standesgemäße Wohnung nehmen konnte. Zu ihrer Hochzeit schenkte die Stadt Kiel dem hochherrschaftlichen Brautpaar einen Brunnen im Innenhof des Schlosskomplexes. Den Abschluss des Brunnens bildete die Figur der Stadtgöttin Kilia. Der Kieler Bildhauer Eduard Lürssen stellte sie in antikisierendem Gewand mit dem Stadtwappen auf dem Brustpanzer dar. Auf dem Haupt trägt sie eine Krone in Form einer gemauerten Burg. In der linken Hand hält sie einen Lorbeerkranz, rechts ein Ruder als Zeichen für kluge Staatsführung.
Der Plattdeutsch sprechende Prinz Heinrich war bei den Kieler Bürgern wegen seines bescheidenen und offenen Auftretens äußerst beliebt. Sein Hofstaat brachte höfisches Leben und Glanz in die Fördestadt mit Hofmarschall und Hoflieferanten. Der Prinz war ein begeisterter Segler im Kaiserlichen Yachtclub in Kiel und nahm mehrfach sehr erfolgreich an Regatten teil. Außerdem hatte er eine lebenslange Leidenschaft für das Fliegen und für Automobile. Eine kleine, nie bewiesene Geschichte am Rande erzählte, dass er den Scheibenwischer erfunden habe. Jedenfalls verwendete er ihn als einer der ersten an seinem Wagen.

Während der Meuterei der Matrosen am 5. November 1918 setzte sich Heinrich selbst ans Steuer seines Autos und flüchtete mit seiner Familie auf sein Gut Hemmelmark bei Eckernförde, wo er bis an sein Lebensende 1929 blieb. Er starb wie sein Vater Friedrich III., der 99-Tage-Kaiser von 1888, der ebenfalls ein starker Raucher gewesen war, an Kehlkopfkrebs. Er wurde 1911 Ehrenbürger der Stadt Kiel, die eine Straße und eine Brücke nach ihm benannte sowie die legendäre Prinz-Heinrich-Mütze.

Die Bronzeskulptur der Stadtgöttin Kilia, die Prinz Heinrich nach dem Ersten Weltkrieg von der Stadt für sein Gut Hemmelmark erbeten hatte, steht seit 1977 in der Dänischen Straße auf dem kleinen Platz vor dem Landeskirchenamt. Mit dem linken Arm zeigt sie in die Richtung ihrer „alten Wirkungsstätte".

54 1894 Mit einer kleinen Regatta fing alles an – Die Kieler Woche

Kiel – Sailing City, das ist das moderne Markenzeichen der Stadt. Kiel und Segeln bilden eine Einheit, nicht nur, aber vor allem zur Kieler Woche, dem weltgrößten Segelsportereignis. Zur Kieler Woche 1962 wurde an einem zentralen und historisch bedeutsamen Punkt des Kieler Hafens, am Seegarten, die Bronzeplastik „Segler" des Bildhauers Karlheinz Goedtke (1915 in Kattowitz/Oberschlesien – 1995 in Mölln) eingeweiht. Der stilisierte Segler thront auf einem 15 Meter hohen Betonpfeiler hoch über dem Fördewasser. Seitdem repräsentiert er die Kieler Woche, auch wenn man sich das Segel hinzudenken muss.

Alles begann mit einer kleinen Regatta vor Düsternbrook am 23. Juli 1882. Diese fand so viel Anklang, dass sie mehrfach wiederholt wurde und sich schließlich auf eine ganze Woche ausdehnte. Den Namen „Kieler Woche" erhielt diese Segelveranstaltung erstmals 1894 in einem Zeitungsbericht. Das war die Geburtsstunde der Kieler Woche.

Enormen Aufschwung erfuhr die Kieler Woche durch die Präsenz der kaiserlichen Familie. Kaiser Wilhelm II. und sein in Kiel residierender Bruder Prinz Heinrich von Preußen ehrten die Veranstaltung durch Anwesenheit oder Teilnahme auf der kaiserlichen Segelyacht „Meteor". Wilhelm II. liebte Kiel; schon wenn er über die Kaisertreppe den Hauptbahnhof in Richtung Förde verließ, fühlte er sich angesichts des Wassers, der Marine und der Werften seinen Großmachtträumen von einer unschlagbaren Flotte nahe. Die Kaiserliche Dampferyacht „Hohenzollern" war für den Kaiser wie ein zweites Zuhause. Nicht zuletzt durch das kaiserliche Wohlwollen entwickelte sich die Kieler Woche zur Großveranstaltung mit überregionaler und internationaler Bedeutung. 1895 wurde während der Kieler Woche der Kaiser-Wilhelm-Kanal, der heutige Nord-Ostsee-Kanal, eingeweiht.

Während der beiden Weltkriege fanden natürlich keine Segelveranstaltungen statt. In der nationalsozialistischen Zeit wurde die Kieler Woche wie alle Sportereignisse zu Propagandazwecken missbraucht. In diesem Zusammenhang wurde Kiel 1936 zum ersten Mal Austragungsort der Olympischen Segelwettkämpfe. Nach Kriegsende 1945 veranstaltete die britische Besatzungsmacht Segelwettspiele unter dem Namen „Kiel-Week". Deutsche Sportler durften allerdings nicht teilnehmen. 1949 fand erstmals wieder eine richtige Kieler Woche statt. Theodor Heuss war der erste Bundespräsident, der 1950 eine Kieler Woche eröffnete. Kiel wurde 1972 zum zweiten Mal Veranstaltungsort der Olympischen Segelwettbewerbe. 1994 konnte die 100. Kieler Woche gefeiert werden. Mittlerweile hatte sich das Segelereignis zu einem großen Volksfest mit einem vielfältigen Programm für Segler und Nichtsegler weiterentwickelt. Seit 1998 bildet die beeindruckende Windjammerparade den Höhepunkt der Kieler Woche. Das Fest endet traditionell mit einem großen Feuerwerk über der Kieler Förde.

55 1895 Der eiserne Kanzler allgegenwärtig – Das Bismarckdenkmal

Seine Politik ist zwar nach wie vor nicht unumstritten, aber sein Bekanntheitsgrad und sein Ruf als außergewöhnlicher Politiker sind ungebrochen: Otto von Bismarck.

Otto von Bismarck war von 1862 bis 1890 Ministerpräsident des Königreichs Preußen und von 1871 bis 1890 Kanzler des Deutschen Reiches, zu dessen Gründung er den wesentlichen Beitrag geleistet hatte, vor allem indem er in den drei so genannten Einigungskriegen, dem Deutsch-Dänischen Krieg von 1864, dem Deutschen Krieg von 1866 und dem Deutsch-Französischen Krieg von 1870 die treibende Kraft war.

Nicht umsonst wurde Bismarck auch der „Eiserne Kanzler" genannt, die politische Ausrichtung des neuen Deutschen Reiches war maßgeblich geprägt von seinen Vorstellungen. Nichts im neuen Reich lief ohne ihn.

Und er ist immer noch allgegenwärtig: Kaum ein Ort in Deutschland, aber auch in manchen anderen Regionen wie in den ehemaligen deutschen Kolonien oder in Ländern mit deutschen Auswanderern ohne Bismarckdenkmal. Seit 1868 wurden sie vereinzelt zu Ehren des preußischen Ministerpräsidenten und ab 1877 massenweise in Verehrung des ersten deutschen Reichskanzlers Otto Fürst von Bismarck aufgestellt. Für niemanden außer vielleicht Kaiser Wilhelm I. wurden mehr Denkmäler errichtet. Im Wilhelminischen Deutschland entwickelte sich ein regelrechter Bismarck-Kult. Der Fürst tauchte in Form von Gedenktafeln, Büsten oder in Anlagen mit mehreren Figuren auf oder auch im Zusammenhang mit den so genannten Bismarck-Türmen in mittelalterlichem Stil. Meist wurde der „Eiserne Kanzler" aber in überlebensgroßer Bronzegestalt dargestellt, meist auf einen hohen Sockel gehoben, und zwar grundsätzlich in militärischer Uniform und auf zentralen Plätzen.

Das seit 1994 unter Denkmalschutz stehende Kieler Bismarckdenkmal steht im Hiroshima-Park nahe dem Opernhaus und dem Rathaus. Vor dem Zweiten Weltkrieg lag in seinem Rücken das alte Gebäude der ehrwürdigen Kieler Gelehrtenschule.

Die Bronzestatue auf einem hohen Granitsockel wurde 1895 anlässlich des 80. Geburtstages des so populären Reichskanzlers von dem Berliner Bildhauer Harro Magnussen geschaffen und zeigt den Geehrten in staatsmännischer Pose, würdevoll im Waffenrock mit einem Säbel in der linken Hand.

56 1895 Nord- und Ostsee endlich vereint – Eröffnungsfeier des Kaiser-Wilhelm-Kanals

Eine Demonstration der Macht sollte es werden, eine Demonstration der strategischen Stärke der deutschen Flotte. Auch wenn der neue Kaiser-Wilhelm-Kanal als einmaliges Verkehrsobjekt vor allem dem friedlichen Handel zwischen den Staaten dienen sollte. Anlässlich der Eröffnung des Kanals waren Schiffe aus 14 Nationen eingeladen, an den Feierlichkeiten teilzunehmen. Ihnen sollte vorgeführt werden, zu welchen wirtschaftlichen Leistungen das Deutsche Reich imstande war und zu welcher militärischen Stärke es gelangt war.

Selbstverständlich reiste zu diesem hervorgehobenen Anlass der Kaiser nebst kaiserlicher Familie und Hofstaat an. Am 20. Juni 1895 bestiegen die hohen Herrschaften die kaiserliche Yacht „Hohenzollern" und fuhren, begleitet von einer Flotte aus 24 Schiffen, bei Brunsbüttel in den neuen Kanal hinein. Mit dem Durchschneiden der über den Wasserweg gespannten Schnur wurde er für die internationale Schifffahrt freigegeben.

Nach achteinhalb Stunden war das Ziel der Flotte erreicht. In Holtenau begannen nun auf dem großen Festplatz die pompösen Feierlichkeiten, an denen nahezu alle regierenden Fürsten des Deutschen Reiches und zahlreiche ausländische Ehrengäste teilnahmen. Am darauffolgenden Tag wurde von Kaiser Wilhelm II. die Schlusssteinsetzung vollzogen. Die Gäste konnten die Zeremonie von einer Festhalle im Stil des Segelschulschiffes „Niobe" aus verfolgen. Die Urkunde zur Eröffnung des Kanals wurde in den Grundstein für das Kaiser-Wilhelm-Denkmal gelegt, das an der Kanalmündung entstehen sollte. Der Kaiser tätigte eigenhändig die Hammerschläge zur Schlusssteinlegung. Der obligatorische Kaisersalut erscholl von den unzähligen Kriegsschiffen in der Kieler Förde.

Die Eröffnungsfeierlichkeiten endeten am 22. Juni mit dem traditionellen Kaisermanöver der Kriegs-

flotte, das die strategische Bedeutung des Kanals nochmals verdeutlichte: Die Kriegsschiffe des Reiches ließen sich auf diesem neuen Schifffahrtsweg in kürzester Zeit von der Ostsee in die Nordsee verlegen. Anschließend begannen die ungleich friedlicheren Wettkämpfe die Kieler Woche.

Der alte Leuchtturm Holtenau ist Zeuge dieser Geschehnisse. Seit seiner Fertigstellung 1895 dient das inklusive Leuchtfeuer 24 Meter hohe Seezeichen als Einfahrtsfeuer für den Kanal, der heute Nord-Ostsee-Kanal heißt. Der Leuchtturm steht auf einem Hügel aus Aushubmaterial des Kanalbaus. In seinem Fundament liegt der Grundstein, der am 3. Juni 1887 noch von Kaiser Wilhelm I. gelegt wurde. Die achteckige „Drei-Kaiser-Halle" erinnert zur Verherrlichung des Kaiserreichs an die drei Kaiser Wilhelm I., Friedrich III. und Wilhelm II., in deren Regierungszeiten der Kanalbau von 1887 bis 1895 fiel. An der Fassade gibt die Gedenktafel folgende Information: „Kaiser Wilhelm II. vollzog die Weihe des Nord-Ostsee-Kanals und übergab ihn dem Weltverkehr am 21. Juni 1895."

Den Haupteingang krönt ein halbrundes Relief, auf dem sich Nord- und Ostsee in Gestalt zweier Meerjungfrauen die Hand reichen.

57 1896 Wasser für die Großstadt – Die Kieler Wassertürme

Feuer! Das war ein Schreckensruf im alten Kiel. Aufgrund der engen und verschachtelten Bebauung in der Altstadt und der reichlichen Verwendung von Holz als Baumaterial war die Brandgefahr allgegenwärtig. Die Ausbreitung eines Feuers auf Nachbarhäuser musste um jeden Preis verhindert werden. Jedermann war jederzeit auf den Ausbruch eines Feuers gefasst und entsprechend vorbereitet. Die Eimerkette war deshalb ein wichtiges Mittel gegen das Feuer. In jedem Haus gab es sie, die Lederlöscheimer; jeder Hausbesitzer musste sie vorweisen können. In der Altstadt wurde das Wasser aus den beiden Brunnen auf dem Markt herbeigeschafft sowie aus den offenen Wasserbehältern bei der Kirche und an der Dänischen Straße am Ende einer eisernen Wasserleitung, die zu Beginn des 19. Jahrhunderts die alte hölzerne Wasserleitung, den so genannten Pfeifenbaum, ersetzt hatte. Diese erste zentrale Wasserleitung Kiels leitete das Wasser aus dem westlich über dem Stadtniveau gelegenen Galgenteich her, der zum Hauptwasserreservoir der Stadt ausgebaut worden war. In der Vorstadt konnte das Löschwasser aus den nahegelegenen Teichen, dem Ziegelteich oder dem Pferdeborn, herbeigeschafft werden.

Ein erstes Wasserwerk bauten die Stadtväter Ende des 19. Jahrhunderts an der Alten Lübecker Chaussee entlang der Eisenbahnlinie Kiel-Altona. 1889 wurde das Wasserwerk Schulensee in Betrieb gesetzt. Mit Beginn des 20. Jahrhunderts wurden rasch mehrere weitere Wasserwerke in verschiedenen Stadtteilen notwendig.

Da die Pumpleistungen in den alten Wasserwerken für die wachsende Großstadt nicht mehr ausreichten, wurde 1896 der Wasserturm Ravensberg errichtet, dessen natürliches Gefälle den Wasserdruck erheblich verbesserte. Der etwa 34 Meter hohe Backsteinbau mit einem Fassungsvermögen von 2.500 Kubikmetern steht auf einer künstlichen Anhöhe. In seiner typisch gründerzeitlichen Gestaltung ist er von weither zu sehen.

1904 wurde ein weiterer Wasserturm in der Wik im Zusammenhang mit einem Wasserwerk in der Nähe der umfangreichen Marineeinrichtungen zu deren Versorgung errichtet. Der 34 Meter hohe Turm besteht aus einer Stahlbetonkonstruktion, die mit Backsteinen und verputzten Außenmauern umkleidet ist. Ein Jahr später folgte der Bau eines Wasserturms in Neumühlen-Dietrichsdorf zur Versorgung der Ostuferstadtteile, die mit dem Ausbau der Werften ein enormes Bevölkerungswachstum verzeichneten.

In der Gegenwart werden diese Wasserspeicher nicht mehr in ihrer ursprünglichen Funktion genutzt. Alle drei Wassertürme sind aber sehr markante Gebäude, die in ihrer nur mehr historischen Bedeutung regelrechte Wahrzeichen ihrer Stadtteile darstellen und unter Denkmalschutz stehen.

58 1900 Arbeiter und Matrosen – Die neue Sozialstruktur Kiels

Die Umwälzungen waren enorm, die Kiel am Ende des 19. Jahrhunderts erfuhr: die steile Karriere zum Reichskriegshafen seit 1871, die rasante Entwicklung zu einer Stadt der Marine und der Werften, die späte, aber massive Industrialisierung und der wirtschaftliche Aufstieg, das atemberaubende Bevölkerungswachstum, die sich daraus ergebende Erweiterung der Stadt durch verschiedene Eingemeindungen und die rege Bautätigkeit.

Auf dem Westufer entstanden um die Wik herum die Kasernen und Unterkünfte der Marineangehörigen, in Düsternbrook und den angrenzenden Stadtteilen die Wohnungen der bürgerlichen Schicht, die Vertreter des Großbürgertums ließen sich hier großzügige Villen erbauen. Im Süden Kiels und auf dem Ostufer wurden rund um die Werftanlagen Häuser für die dort beschäftigten Arbeiter gebaut. Alles im Stil der Gründerzeit, wie man ihn noch heute in den Mehrfamilienhäusern rund um den Südfriedhof, in den herrschaftlichen Wohnungen um den Schrevenpark in der Goethe- und Schillerstraße oder im Norden der Stadt zum Beispiel in der Steinstraße studieren kann.

1865 zählte man in Kiel etwa 18.000 Einwohner, 1885 bereits 50.000, im Jahr 1900 über 100.000 und kurz vor Beginn des Ersten Weltkriegs sogar mehr als 200.000. Dieses enorme Wachstum bedeutete eine Verzehnfachung der Bevölkerungszahl im Vergleich zur Jahrhundertmitte und verschaffte Kiel den Status einer Großstadt. Unter allen Erwerbstätigen waren etwa 50.000 Marineangehörige und 70.000 Arbeiter, die Hälfte davon arbeitete auf den Werften. Die Vielfalt der Berufe war wie in allen vergleichbaren Großstädten gewaltig, trotzdem brachte die Ausrichtung der Kieler Wirtschaft eine besondere gesellschaftliche Struktur mit sich: 1907 gehörten 72 % aller Erwerbstätigen zur Arbeiterschaft (im Vergleich zu 52 % im ganzen Deutschen Reich), und nur 28 % waren Angestellte und Selbständige. Aus diesem sozialen Schwerpunkt ergab sich die Bildung der Gewerkschaften, aber auch die Gründung verschiedener Arbeitervereine wie 1893 des Arbeiterturnvereins oder 1894 der Kieler Volksbühne.

Den Arbeitern und Seeleuten widmete der Kieler Bildhauer Erich Schmidt-Kabul 1939 zwei naturalistische Skulpturen aus Muschelkalk, die in Fassadennischen des Marinearsenals am Seefischmarkt stehen: ein Matrose und ein Werftarbeiter, zwei kräftige Burschen, ganz dem damaligen Zeitgeschmack entsprechend.

59 1904 Wie Albert Einstein nach Kiel kam – Der Kreiselkompass des Hermann Anschütz-Kaempfe

Der Name „Anschütz" über dem Eingang zu einem Verwaltungsgebäude in der Zeyestraße in der Wik weist darauf hin, dass sich hier die Firma Anschütz befand, das älteste Kreiselkompasswerk der Welt.

1904 meldete der 32-jährige Hermann Anschütz-Kaempfe das Patent auf den von ihm erfundenen Kreiselkompass an. Eigentlich hatte er zunächst Medizin und dann Kunstgeschichte studiert, war aber schon früh fasziniert von Polarexpeditionen und kam auf den verrückten Einfall, den Nordpol mit einem U-Boot zu unterqueren. Allerdings musste zuvor das Problem gelöst werden, dass herkömmliche Magnetkompasse in einem U-Boot versagen, weil das Erdmagnetfeld durch die Eisenhülle abgeschirmt ist. Der junge Erfinder musste sich also einen vom Erdmagnetismus unabhängigen Richtungsweiser ausdenken. Nach mehrjährigen Versuchen führten Probefahrten mit dem neuen Kompass auf der Ostsee schließlich zum Erfolg. Anschütz-Kaempfe stellte sein Gerät der Kaiserlichen Marineakademie in Kiel vor und entschloss sich daraufhin, in einer eigenen Firma in der Dammstraße, später in Neumühlen-Dietrichsdorf am Schwentineufer seine Erfindung zu optimieren. 1908 setzte die deutsche Marine auf dem Linienschiff SMS Deutschland den Kreiselkompass ein.

Der Kreiselkompass orientiert sich parallel zur Rotationsachse der Erde und zeigt so die Nord-Südrichtung an. Er funktioniert unabhängig vom Magnetfeld der Erde und gibt deshalb nicht die magnetische, sondern die wahre (astronomische) Nordrichtung an. Der Kreiselkompass besteht aus einem schnell rotierenden Kreisel. Wenn dessen Drehrichtung nach Norden zeigt, sich also die Drehachse in Rotationsrichtung der Erde befindet, wird das Drehmoment null.

In Patentstreitigkeiten mit anderen Erfindern ähnlicher Kompasse wurde schließlich Albert Einstein als Gutachter hinzugezogen. Nach eingehenden Untersuchungen bestätigte Einstein die Ansprüche Anschütz-Kaempfes. Zwischen den beiden entwickelte sich daraufhin eine lebenslange Freundschaft. Sie arbeiteten gemeinsam an Verbesserungen des ursprünglichen Modells des Einkreiselkompasses. Beinahe wäre es sogar gelungen, Einstein für die Christian-Albrechts-Universität zu gewinnen, was aber an der antisemitischen Professorenschaft scheiterte. Trotzdem kehrte Einstein, auch mit seiner Familie, häufig nach Kiel zurück, wohnte in Anschütz-Kaempfes Villa in der Bismarckallee und nutzte die freie Zeit zum Segeln. Für den passionierten Segler lag stets eine Jolle am Schwentineufer bereit.

Das von Anschütz-Kaempfe 1905 in Kiel gegründete Unternehmen existierte bis 1994, bevor es von dem amerikanischen Raytheon-Konzern übernommen wurde. Seither produziert es unter dem Namen „Raytheon Anschütz GmbH".

Das Modell eines Kreiselkompasses steht im Kieler Schifffahrtsmuseum.

Patent
aus.
ein.

60 1906 Tempel der Konsumwelt – Die großen Warenhäuser der Gründerzeit

Mit dem beginnenden 20. Jahrhundert hielten die ersten großen Warenhäuser Einzug in die Konsumwelt der Kieler. Auf dem Eckgrundstück Holstenstraße/Alter Markt, auf dem ehemals das alte Hosmannsche Haus gestanden hatte, wurde 1906 das neue Jacobsen-Kaufhaus in zeittypischem Gründerzeitambiente errichtet. So wie das Hosmannsche Haus mussten auch alle anderen mittelalterlichen Bauten am Alten Markt, und nicht nur dort, den Neubauten im Stil der modernen Zeit weichen. Nicht die Zerstörungen des Zweiten Weltkriegs sind die Ursache für das Fehlen der frühen Bebauung, sondern diese Modernisierungsaktion der Jahrhundertwende.
Der erfolgreiche Kaufmann Wilhelm Jacobsen konzipierte ein großzügiges Warenhaus modernsten Typs mit Verkaufsflächen über fünf Etagen, das rasch überregionale Bedeutung erlangte. Aber er war nicht der erste und nicht der einzige Warenhauserbauer Kiels.
Schon 1893 hatte Rudolph Karstadt sein Kieler Kaufhaus gegenüber vom Jacobsenhaus in der Holstenstraße erbauen lassen. 1881 hatte er mit einem Kapital von 1.000 Talern, das ihm sein Vater geliehen hatte, sein erstes Geschäft in Wismar unter dem Namen „Tuch-, Manufactur- und Confectionsgeschäft C. Karstadt und Co." gegründet. Das „C" stand dabei für Rudolphs Vater Christian. Seine Beteiligung war notwendig, da die mecklenburgische Gewerbeordnung zu dieser Zeit für selbstständige Kaufleute ein Mindestalter von 30 Jahren vorschrieb. Rudolph Karstadt war damals erst 25. Das zweite Karstadt-Haus wurde 1884 in Lübeck eröffnet. Schnell wurden weitere Filialen in ganz Norddeutschland eröffnet.
Das Prinzip der neuen Warenhäuser war eine damals revolutionäre Geschäftsidee: Mit der verbreiteten Praxis, anschreiben zu lassen, machte man Schluss. Im Warenhaus musste man zu günstigen Festpreisen sofort bar bezahlen. Der Zwischenhandel war weitgehend ausgeschaltet, der Wareneinkauf erfolgte zentral oder auch direkt beim Hersteller. Neu waren auch die Reklame in den Zeitungen und die dekorierten Schaufenster.
1912 wurde neben den Häusern in der Klinke und in der Holstenstraße ein weiteres Kaufhaus Jacobsens am Dreiecksplatz eingeweiht, das in veränderter Form noch heute steht.
Im Zweiten Weltkrieg schwer beschädigt, wurde das Stammhaus in der Holstenstraße im Stil der Fünfziger Jahre wiederaufgebaut, allerdings nicht mehr als Warenhaus, sondern in mehrere Läden und Büros aufgeteilt. Mit dem neu erwachten Konsumbedürfnis in Zeiten des deutschen Wirtschaftswunders erlangte das Haus in der attraktiven Lage schnell seine alte Anziehungskraft wieder, zumal die Holstenstraße zur ersten Fußgängerzone Deutschlands ausgebaut wurde.
Seit 2008 wurde das Gebäude von neuen Eigentümern modernisiert. Die Inschrift „Jacobsenhaus" aber blieb erhalten und erinnert an die Geschichte des Hauses.

JACOBSEN
HAUS

61 1907 Mit Fidelio in die neue Saison – Das neue Theater

Die neue Wilhelminische Großstadt Kiel erfasste seit Ende des 19. Jahrhunderts ein bislang nicht gekannter Bauboom. Neben den zahllosen Wohnungsbauten für die stark angewachsene Bevölkerung entstanden mehrere Pläne für öffentliche Repräsentationsbauten, darunter für ein neues modernes Theater, wie es für eine Großstadt angemessen schien. Zusammen mit einem neuen Rathaus sollte ein ansehnliches Ensemble am Kleinen Kiel entstehen.
Es war keineswegs das erste Theater der Stadt. In Kiel wurde seit dem 17. Jahrhundert Theater gespielt, vornehmlich während des Kieler Umschlags im Januar und meist durch fahrende Schauspieltruppen, Gaukler und Possenreißer. Ein festes Theater lohnte sich während der Zeit außerhalb des Umschlags nicht. Schließlich stellte der Herzog 1671 aber doch das Ballhaus in der Schuhmacherstraße für ein Theaterprojekt zur Verfügung gestellt. Dieses Gebäude, eigentlich ein Platz für das Ballschlagen, das nach französischem Vorbild eine akademische Leibesübung war, wurde zu einem „Opern- und Comödienhaus" umgebaut. Dieses erste richtige und feste Theater der Stadt wurde im Laufe der Zeit baufällig und 1840 durch einen Neubau an gleicher Stelle ersetzt. Die privaten Unternehmer dieses neuen Stadt-Theaters, der Geschäftsmann Muhl und der Malermeister Schunk, eröffneten 1845 zusätzlich noch ein Sommertheater im Düsternbrooker Holz, das Tivoli.

Das Theater in der Schuhmacherstraße genügte um 1900 nicht mehr den Ansprüchen der Großstädter. Ein neues und größeres, vor allem repräsentativeres Haus musste her. Nun stand am Anfang der neuesten Pläne ein Architektenwettbewerb, den der Berliner Architekt Heinrich Seeling 1902 für sich entscheiden konnte. Seeling sah einen aufwändig gegliederten Backsteinbau in einem regional angepassten Jugendstil mit einem üppig geschweiften und hochaufragenden Dach und einer historisierenden Innenraumgestaltung vor. Der Bau der neuen Spielstätte für Oper und Schauspiel am Ufer des Kleinen Kiel dauerte von 1905 bis 1907. Am Morgen des 1. Oktober 1907 wurde das Theater feierlich eingeweiht. Es erklangen Richard Wagners „Vorspiel zum Parsifal" und der Prolog „Der Kunst ein Haus". Am Abend wurde eine Festaufführung von Beethovens einziger Oper „Fidelio" gegeben. In der Holtenauer Straße wurde das vorhandene Theater ebenfalls durch einen Neubau ersetzt und 1907 als „Kleines Theater", das heutige Schauspielhaus, eröffnet.

Die Bombenangriffe im Zweiten Weltkrieg trafen das Haus am Kleinen Kiel schwer. Der Wiederaufbau konnte 1953 abgeschlossen werden, in einer deutlich vereinfachten Gestaltung der Außenform mit einem flachen Walmdach und mit einer Innenausstattung im Stile der 50er Jahre. Die Außenfassade zum Kleinen Kiel mit den drei Portalen im Mittelrisalit wurde weitgehend wiederhergestellt. Zur Eröffnung in der Kieler Woche 1953 kam wieder der „Fidelio" zur Aufführung, wie schon 1907, und der Gefangenenchor konnte wieder voller Überzeugung singen: „O welche Lust, in freie Luft/ den Atem leicht zu heben". 1970 wurde im Nordwesten des Hauses ein Betriebsgebäude mit einer schwarzen Spiegelglasfassade angegliedert.
Die Musen aber flankieren nach wie vor das Eingangsportal zum Kieler Opernhaus.

62 1909 Eine Halle nur für Fisch – Die Kieler Fischereiwirtschaft

Die Fischerei in der Ostsee erlebte ihre Blütezeit vor allem in den Hansestädten, die den Fisch, besonders den zur Konservierung gepökelten, also gesalzenen Hering, in Fässern exportierten.

Die Geschichte Kiels ist eng mit der Schifffahrt und der Fischerei verbunden. Aufgrund seiner Lage an einer besonders langen Förde bot die Stadt die besten Voraussetzungen für einen geschützten Hafen. Der Seehandel und das Fischereiwesen, später auch der Schiffbau, die Marine und der Segelsport prägten das Wirtschaftsleben der Hafenstadt. Auf dem Ostufer vom bedeutendsten Fischerdorf Ellerbek bis Wellingdorf zogen sich die Standorte der Kieler Fischereiwirtschaft. Gegen Ende des 19. Jahrhunderts zählte man in Kiel über 40 Fischräuchereien, deren Waren überallhin exportiert wurden. Schon lange zuvor war Kiel bekannt für seine geräucherten Sprotten.

Nachdem Kiel 1865 Marinehafen wurde und auf dem gesamten Ostufer von der Hörn bis zur Schwentine Großwerften eingerichtet wurden, ging die Fischerei in Kiel deutlich zurück. Viele Betriebe stellten sich auf Dosenfischproduktion um. Die erst nach dem Zweiten Weltkrieg entstehende Hochseefischereiflotte Kiel mit dem Stützpunkt und Umschlagplatz im Seefischmarkt an der Schwentinemündung musste sich der Konkurrenz anderer Häfen geschlagen geben, und der Kieler Seefischmarkt verlor seine Bedeutung. Heute wird in der Kieler Bucht fast ausschließlich Küstenfischerei betrieben. Die verbliebenen Fischereistandorte sind Laboe, Stein und Wentorf an der Außenförde.

An die Bedeutung der Fischerei im alten Kiel erinnerte lange Zeit die Fischerstraße, die von der Schlossstraße zum Hafen hinunterführte, wo sie auf eine Fischeransiedlung stieß. Sie wurde bei der Stadtgründung 1242 angelegt, hieß zunächst abwechselnd Ritterstraße oder Fischerstraße, ab 1799 endgültig Fischerstraße. 1970 musste die Straße der Umgestaltung des Viertels weichen. Gegenwärtig soll das geplante neue Schlossquar-

tier wieder eine Fischerstraße erhalten. Der Fischer von Adolf Brütt am NDR-Gebäude steht dort, wo einst die Fischerstraße verlief.
Um dem Fischverkauf, der bis dahin unter freiem Himmel stattfand, einen angemesseneren Platz zu geben und ihn an einem Ort zu konzentrieren, wurde 1909/10 an der Seegartenanlegestelle eine Fischhalle erbaut. Der Architekt und Stadtbaurat Georg Pauly verlieh dem Bau aus rotem Backstein und hellen Sandsteinelementen den typischen schleswig-holsteinischen Stil des 17. und 18. Jahrhunderts. Im Inneren der Halle befanden sich zwei im Boden eingelassene Seewasserbehälter, um die herum sich die Verkaufsstände gruppierten. An der Außenseite wurden Läden eingerichtet.
Nach dem Umzug des Fischmarkts an die Schwentinemündung 1948 verlor die Fischauktionshalle ihre Funktion. Die Pläne der Stadt, die alte Fischhalle zugunsten des Ausbaus des Fährhafens abzureißen, wurden zum Glück durchkreuzt, als das Gebäude 1972 unter Denkmalschutz gestellt wurde. Es wurde saniert und 1978 als Schifffahrtsmuseum wieder eröffnet. Die Ausstellung ermöglicht einen umfassenden Überblick über die Geschichte Kiels als Hafenstadt, Stadt der Fischerei, des Schiffbaus und der Marine. Etliche Schaustücke geben einen Eindruck vom Leben der Fischer im alten Ellerbek. An der direkt anschließenden Museumsbrücke sind verschiedene historische Schiffe zu bewundern. Nach einer umfangreichen Sanierung 2014 erhielt die Ausstellung ein neues attraktives Gesicht.

63 1909 Wisente bewachen die Kunst – Die neue Kunsthalle

In Kiel muss man offenbar auf die Kunst aufpassen. Warum sonst hielten vor der alten Kunsthalle von 1857 zwei gewaltige Hunde und vor der neuen von 1909 sogar zwei Wisente Wache?

Die erste Kieler Kunsthalle befand sich unterhalb des Schlosses an der Dänischen Straße. Aufgrund der Initiative des 1843 gegründeten Schleswig-Holsteinischen Kunstvereins wurde der Plan zu einem ständigen Ausstellungsgebäude gefasst, auch ein Ausdruck des wachsenden Selbstbewusstseins der Kieler Bürger zu Beginn des 19. Jahrhunderts. Der Kunstverein hatte sich zum Ziel gesetzt, das Kunstverständnis in der Stadt zu fördern und dafür regelmäßig größere oder kleinere Ausstellungen zu veranstalten, und zwar in wechselnden Räumen, weil der Verein noch kein eigenes Gebäude besaß, zum Beispiel im Hotel „Stadt Hamburg" in der Holstenstraße, in der „Harmonie" oder im Haus des Glasermeisters Ibsen in der Kehdenstraße. Wie in vielen deutschen Städten hatten sich in Kiel kunstinteressierte Bürger, zu denen maßgebliche Persönlichkeiten wie Theodor Olshausen und Wilhelm Ahlmann gehörten, auf Anregung des Altertumsforschers Professor Forchhammer zusammengeschlossen, um ein Kunstmuseum zu begründen.

1855 war es endlich soweit. Ein schmales Grundstück auf der Westseite des Schlossgeländes wurde zur Verfügung gestellt. Der Kunstverein erwarb das für den Abbruch vorgesehene Zollhaus am Wall, das zu einer Galerie umgebaut werden sollte, und ließ es auf dem Grundstück wiederaufbauen. Es entstand ein kleines, eingeschossiges Gebäude in klassizistischer Form mit einem antiken Portikus und mit zwei Bildersälen. Vor dem Gebäude stellte man Abgüsse von zwei großen, hockenden Molossischen Hunden auf. Am 31. Juli 1857 wurde die Kunsthalle feierlich eingeweiht.

Im Rahmen der Renovierung des Schlosses für Prinz Heinrich von Preußen musste das Gebäude aber schon 1888 weichen und wurde abgerissen. Die Wache haltenden Hunde konnten es nicht verhindern. Der Kunstverein nahm sofort Pläne für einen großen Neubau auf. Man hatte auch bereits einen Bauplatz für das geplante Museum. Die Kunstmäzenin Lotte Hegewisch hatte der Universität ihr Grundstück am Düsternbrooker Weg vermacht unter der Bedingung, dass an dieser Stelle ein Kunstmuseum errichtet würde. Doch erst Jahre danach konnte der Bau verwirklicht werden, in dem auch die Antikensammlung sowie die Gemäldesammlung des Schleswig-Holsteinischen Kunstvereins aufgenommen werden sollte. Am 15. November 1909 wurde die neue Kunsthalle eröffnet, ein großzügiges Gebäude in einem Mischstil aus Neobarock und Jugendstil mit einer Fassade aus Muschelkalk und einem imposanten Portal, vor dem zwei lebensgroße Wisentskulpturen lagerten.

Der Wiederaufbau der im Zweiten Weltkrieg zerstörten Kunsthalle ab 1955 sah eine Vereinfachung der Außengestalt vor. 1986 wurde ein Erweiterungsbau angefügt, 2012 wurde der Eingangsbereich neu gestaltet. Die Wisente aber bewachen das Museum nach wie vor. Hoffentlich erfolgreich!

64 1911 Ein Turm wird kopiert – Das neue Rathaus

„Kiel hat kein Geld, das weiß die Welt." Damit man das auch nicht vergisst, weder in der Bevölkerung noch im Magistrat, ertönt diese Melodie stündlich von dem Glockenspiel in dem imponierend hohen Rathausturm nach einer Melodie, die dem Glockengeläut des berühmten Big Ben ähnelt. Und trotzdem nahmen die Stadtoberen aufgrund der Initiative des Oberbürgermeisters Paul Fuß viel Geld in die Hand, immerhin vier Millionen Goldmark, um der wachsenden Großstadt Kiel ein neues Rathaus zu bescheren. Es sollte Teil eines neuen repräsentativen Ensembles am Kleinen Kiel werden.

Das 1911 erbaute Rathaus am damaligen Neumarkt löste das zu klein gewordene spätmittelalterliche Rathaus am Alten Markt ab, von dem nach den Zerstörungen des Zweiten Weltkriegs nur noch einige Gewölbebögen im Kellergeschoss erhalten sind. Der Neubau erschien nach dem starken Anwachsen der Stadt erforderlich und vor allem aus Repräsentationsgründen wünschenswert. Wie üblich sollte der Architekt des neuen Gebäudes über einen Wettbewerb gefunden werden. 1903 erhielt der Karlsruher Architekt Hermann Billing den Zuschlag. Sein Entwurf, in dem er Sandstein und heimischen Backstein kombinierte, überzeugte die Jury. Billing plante einen mächtigen Jugendstilbau in einem Stilmix mit Elementen der Renaissance und des Barock.

In den Jahren 1907–1911 entstand auf dem Grundstück der ersten Kieler Gasanstalt an der Fleethörn ein großzügiger Komplex mit asymmetrischer Straßenfront und mit verschiedenen Gebäudeteilen um drei Innenhöfe gruppiert. Im Inneren verbinden zahlreiche individuell angelegte Flure und Treppenhäuser mit ganz unterschiedlichen kunsthandwerklichen Gestaltungselementen die verschiedenen Bereiche. Die zentralen Räume, also der Ratssaal und das Zimmer des Oberbürgermeisters, wurden in den ersten Stock, die besonders elegant gestaltete Beletage, gelegt. In der Wandelhalle vor diesen Räumen ist die „Schwerttänzerin" zu bewundern, eine Bronzeskulptur des in Kiel vielbeschäftigten Adolf Brütt, der bereits das Reiterdenkmal Wilhelms I. im Schlossgarten und den Schwertträger vor dem Rathaus geschaffen hatte.

Am 12. November 1911 wurde das Rathaus festlich eröffnet. Dass Kaiser Wilhelm II. der Einladung zur Einweihung folgte, unterstreicht die Bedeutung, die die Marinestadt Kiel für den Monarchen besaß. Auch bei der Einweihung des wiederaufgebauten Gebäudes nach den Zerstörungen des Zweiten Weltkriegs 1950 war das damalige Staatsoberhaupt anwesend, der erste Bundespräsident Theodor Heuss. Überragt wird das Rathaus von einem 107 Meter hohen Turm, der weithin sichtbar ist. In 67 Meter Höhe befindet sich eine Plattform mit einer herrlichen Aussicht. Der Turm ist fast eine Kopie: Er erinnert in seiner strengen Formgebung und seiner Ornamentik an den Campanile auf dem Markusplatz in Venedig, allerdings ist er sieben Meter höher.

65 1911 Nervenkitzel pur – Die Fahrt mit dem Paternoster

Unvergesslich das Abenteuer des Paternosterfahrens in der Kindheit, wenn die Eltern das Rathaus aufsuchten. Der kaum zu beschreibende Nervenkitzel: die unheimlichen Geräusche, wenn der Paternoster durch den Keller fährt und über die großen Scheiben rumpelt, die Angst, auch ja rechtzeitig den Absprung in das angestrebte Stockwerk zu schaffen.

Aber im Ernst: Die Vorzüge des Personen-Umlaufaufzugs, so der amtliche bzw. technische Ausdruck, liegen auf der Hand: praktisch keine Wartezeiten, ganz schnelle Beförderung, schneller Wechsel der Stockwerke, große Zuverlässigkeit.

Dabei ist das Konstruktionsprinzip denkbar einfach: mehrere an zwei Ketten hängende Kabinen befinden sich im ständigen Umlaufbetrieb. Die meist hölzernen Kabinen werden am oberen und am unteren Wendepunkt über große Scheiben auf den jeweils entgegenläufigen Aufzugsschacht gesetzt. Unter dem Dach sitzt die Maschinerie des Aufzugs, die natürlich regelmäßiger Wartung bedarf.

Diese Art des Aufzugs wurde im 19. Jahrhundert in England erfunden, zunächst 1876 für den Warentransport im Hauptpostamt von London, ab 1882 auch für Passagiere. Hamburger Kaufleute, aufgeschlossen für alles, was aus dem Vorbildland England stammte, setzten den Paternoster dann in ihren hohen Geschäfts- und Kontorhäusern ein, zum Beispiel im berühmten Hamburger Chilehaus. Hamburg blieb die Paternoster-Hochburg. Mehr als die Hälfte aller Paternosteraufzüge in Deutschland befinden sich in der Hansestadt.

Den ersten Paternoster in Kiel gab es im neuen Kieler Rathaus von 1911. Der jetzt noch im Betrieb befindliche Paternoster im Rathaus mit zwölf Kabinen stammt aus dem Jahr 1958.

1972 wurde in Deutschland diese Art des Aufzugbaus aufgrund von Sicherheitsbedenken verboten. Bis in die Gegenwart setzen sich die Einschränkungen für die Nutzung wegen der eventuellen Unfallrisiken fort. In Deutschland gibt es noch etwa 240 Paternoster, drei davon in Kiel: im Rathaus, im Landtag und im Bildungsministerium.

Bleibt noch die Frage: Warum heißt der Umlaufaufzug eigentlich „Paternoster"? Der lateinische Name verweist auf das christliche Vaterunser und auf den in der katholischen Kirche verwendeten Rosenkranz, eine Zählkette für Gebete mit Perlen und einem Kreuz, mit der der Gläubige seine Gebete wie das Ave Maria und das Vaterunser in einer bestimmten Abfolge immer wiederholend spricht. Der Rosenkranz wird deshalb auch Paternosterkette genannt. Daran könnte man bei der Benennung des Paternosters gedacht haben. Oder ist es das Gebet des Vaterunsers, mit dem man darum bittet, nach der Paternosterfahrt wieder heil anzukommen?

Aufzug
im Brandfall
nicht benutzen
Ausgenommen Beschäftigte LH Kiel
Ausgenommen Beschäftigte LH Kiel

66 1912 Auf dem Kieler Rathausplatz steht ein nackter Mann – Der Schwertträger

Auf dem Kieler Rathausplatz steht ein nackter Mann. Ein Skandal? Der Ruf nach der Sittenpolizei? Keineswegs. Es handelt sich zum Glück nicht um einen realen Mann, sondern um ein Kunstwerk. Sogar bei seiner Enthüllung 1912 war der nur mit einem Lendenschurz Bekleidete ein allseits akzeptierter und ein nicht nur von der Damenwelt viel bewunderter Zeitgenosse. Er ist aber auch ein wirklich schöner Mann, der da auf seinem Sockel athletisch und gut trainiert eine beeindruckende Erscheinung abgibt.

Ursprünglich war er der Mittelpunkt einer großräumigen zwölfeckigen Brunnenanlage auf der Mitte des Platzes, der früher Neumarkt hieß. Die Umrisse des Brunnens sind noch heute an der Pflasterung zu erkennen. Die Einweihung des Brunnens am 19. Oktober 1912 fiel auf den letzten Arbeitstag von Paul Fuß, jenem Oberbürgermeister, der den Bau des neuen Kieler Rathauses begleitet hatte, das im Jahr zuvor bereits der Öffentlichkeit übergeben worden war.

Der Schwertträger ist ein Werk des 1855 in Husum geborenen Bildhauers Adolf Brütt, der zu den bedeutendsten Bildhauern der Wilhelminischen Kaiserzeit gehörte. Brütt studierte nach einer Steinmetzlehre in Kiel drei Jahre an der Berliner Kunstakademie, das ein Stipendium der Kieler Spar- und Leihkasse ihm ermöglichte. Seine Wirkungsstätten waren später vor allem Berlin und Weimar.

Adolf Brütt schuf eine bronzene Statue von etwa drei Metern Höhe, die einen fast nackten, sehr athletischen jungen Mann darstellt. Mit seiner rechten Hand erhebt dieser ein mächtiges Schwert. Der Kieler Schwertträger steht in der Tradition der Rolandsfiguren, die seit dem Mittelalter in vielen norddeutschen Städten auf den Marktplätzen und vor den Rathäusern stehen, Standbilder eines Ritters ebenfalls mit dem Schwert, allerdings in voller Rüstung als Sinnbild für die Marktgerichtsbarkeit, die Stadtrechte und für bürgerliche Freiheit. Roland, treuer Gefolgsmann Karls des Großen, erlangte Heldenruhm durch seinen tapferen Tod in der Pyrenäenschlacht, wie er im Rolandslied geschildert wird. In Kiel steht freilich eine modernere Interpretation der Figur.

Nachdem die Brunnenanlage im Zweiten Weltkrieg zerstört worden war, wurde die unversehrte Statue im Hof des Rathauses zwischengelagert, bevor sie dann zunächst vor den Ratskeller zog. Erst als der Rathausplatz im Zuge der Vorbereitungen für die Segelolympiade 1972 einer vollständigen Umgestaltung unterzogen wurde, fand der Schwertträger wieder einen angemessenen Standort, zwar nicht in der Mitte des Platzes, sondern am östlichen Rand des Rathausplatzes und auch mit einer veränderten Blickrichtung. Er kehrt dem Rathaus nun nicht mehr wie ehemals den Rücken zu, sondern blickt das Gebäude direkt an.

Seine ebenfalls nackte Partnerin steht übrigens im Inneren des Rathauses, die ebenfalls von Brütt geschaffene „Schwerttänzerin".

67 1918 Schüsse in der Karlstraße – Der Kieler Matrosenaufstand

Schon wieder ganz große Politik in der Küstenstadt: Der Anfang vom Ende des Wilhelminischen Kaiserreichs wurde in Kiel eingeläutet. Matrosen und Arbeiter probten am 1. November 1918 hier den Aufstand.

Unruhe und erste Meutereien waren schon im Jahr 1917 in der Marine nicht zu übersehen. Wie auch in der hungernden Zivilbevölkerung verbreiteten sich Unmut wegen der schlechten Versorgungslage und allgemeine Kriegsmüdigkeit unter den Matrosen. Als sich im Oktober 1918 die deutsche Niederlage im Ersten Weltkrieg mehr als deutlich abzeichnete und dessen ungeachtet die Admiralität einen letzten Angriff auf die englische Flotte anordnete, meuterten die Matrosen der Hochseeflotte in Wilhelmshaven gegen diese sinnlose Todesfahrt. Um einem Aufstand vorzubeugen, wurde das III. Marinegeschwader in den Heimathafen Kiel verlegt, wo die Rädelsführer inhaftiert werden sollten. Ihre Ankunft am 1. November 1918 markiert den Beginn des Matrosenaufstands.

Ort des Geschehens war das Marinequartier an der südlichen Feldstraße. Gegen die Inhaftierung der Matrosen in der Marinearrestanstalt in der Karlstraße formierte sich am 3. November ein Demonstrationszug von etwa 6.000 Matrosen und Arbeitern mit der Parole „Freiheit, Frieden und Brot". Kaisertreue Soldaten traten dem Zug an der Ecke Langer Segen/ Karlstraße entgegen und eröffneten das Feuer. Dem Gefecht fielen sieben Menschen zum Opfer. Unmittelbar danach brach der Aufstand los. Mit den aufständischen Matrosen, die schließlich erfolgreich die Freilassung ihrer Kameraden erzwangen, erklärten sich Arbeiter der Germaniawerft und der Torpedowerkstatt Friedrichsort solidarisch. Am 4. November wurde der erste Arbeiter- und Soldatenrat nach dem Vorbild der russischen Oktoberre-

volution gebildet. Am 5. November wurde ein Generalstreik ausgerufen. Die Meuterei der Matrosen weitete sich zu einer großen politischen Bewegung aus.
Der SPD-Abgeordnete Gustav Noske versuchte, zu Ruhe und Ordnung zu mahnen. Die ihm vertrauenden Matrosen wählten ihn zum Vorsitzenden des Soldatenrates und am 7. November zum Gouverneur von Kiel. In dieser Funktion gelang es ihm, die chaotischen Zustände in der Stadt zu befrieden.
Am 9. November 1918 rief der Sozialdemokrat Philipp Scheidemann in Berlin die Republik aus. Kaiser Wilhelm II. dankte am Tag darauf ab und ging ins niederländische Exil. Das Kaiserreich war zusammengebrochen. Deutschland erklärte die Kapitulation. Mit dem Waffenstillstand endete der Erste Weltkrieg.

Zunächst als Meuterer geächtet, erfuhren die Kieler Matrosen eine späte Ehrung: An das blutige Geschehen in der Karlstraße erinnert ein Gedenkrelief und eine Gedenktafel mit der Inschrift: „Am 3. November 1918 demonstrierten Matrosen und Arbeiter in Kiel gegen den Krieg, für Freiheit und Frieden und Brot. Gegen 19.00 Uhr erreichten sie diese Straßenecke. Eine Kompanie kaisertreuer Soldaten schoß in die Menge. Zurück blieben 7 Tote und 29 Verletzte. Die AWO erinnert an diese Menschen und daran, daß Demokratie, soziale Gerechtigkeit und Frieden ständige Aufgaben sind."
Seit 2011 heißt der Kieler Bahnhofsvorplatz „Platz der Kieler Matrosen", die mit Fug und Recht als Geburtshelfer für die deutsche Demokratie gelten können.
Im so genannten Ratsdienergarten am Kleinen Kiel erinnert seit 1982 eine Skulptur des Hannoveraner Bildhauers Hans-Jürgen Breuste an den Kieler Matrosenaufstand. Sie trägt den Titel „Feuer aus den Kesseln", der an das gleichnamige Schauspiel anknüpft, in dem der Schriftsteller Ernst Toller den Matrosenaufstand thematisiert. Granitsäulen „durchbohren" Stahlkörper, die aufstrebende Macht zerstört alte Machtstrukturen.

68 1919 Vielleicht der bedeutendste, aber nicht der einzige – Nobelpreisträger Max Planck

Ein echter Kieler. Am 23. April 1858 wurde Max Planck in Kiel geboren. Seine Kindheit erlebte der Professorensohn auf dem Jahnshof, dem einflussreichen Musenhof an der Küterstraße 17. In der Küterstraße lag auch die Gelehrtenschule, die der Junge bis zu seinem zehnten Lebensjahr besuchte. In München legte er mit nur 16 Jahren das Abitur ab. Ebenfalls noch extrem jung, nämlich mit 21 Jahren, promovierte er an der Münchner Universität im Fach Physik. Max Planck habilitierte sich und folgte 1885 einem Ruf als Professor der Theoretischen Physik an die Christian-Albrechts-Universität in seiner Geburtsstadt. 1889 wechselte er an die Friedrich-Wilhelm-Universität in Berlin. Dort wurde er mit seinen Forschungen an der Wärmestrahlung berühmt. Seine Quantentheorie besagte, dass die Strahlungsenergie nicht gleichmäßig fließt, sondern sprunghaft, stoßweise, in Quanten. Die bahnbrechende Entdeckung nutzten zahlreiche Physiker und Chemiker zur weiteren Forschung. Es dauerte aber noch Jahrzehnte, bis Planck endlich die verdiente Auszeichnung erhielt, den Nobelpreis für Physik 1918. Die Deutsche Physikalische Gesellschaft stiftet seit 1928 alljährlich die Max-Planck-Medaille als höchste Auszeichnung für Physiker, die ersten Preisträger waren Max Planck selbst und Albert Einstein.

1944 besuchte Max Planck zum letzten Mal seine Heimatstadt anlässlich der Verleihung der Ehrensenatorenwürde. Kurz vor seinem Tod am 4. Oktober 1947 wurde er zum Ehrenbürger Kiels ernannt. Seitdem trägt auch ein großes Kieler Gymnasium mit naturwissenschaftlichem Schwerpunkt seinen Namen.

Max Planck aber war nicht der einzige Nobelpreisträger aus Kiel. In der ersten Hälfte des 20. Jahrhunderts erhielten fünf weitere Kieler Wissenschaftler diese höchste Auszeichnung, der Chemiker Eduard Buchner (1894 bis 1896 in Kiel, Nobelpreis 1907), der Mediziner Otto

Meyerhof (1912 bis 1924 in Kiel, Nobelpreis 1922), der Chemiker Otto Diels (1916 bis 1948 in Kiel, Nobelpreis 1950) sowie der Chemiker Kurt Alder (Nobelpreis 1950) und der Schriftsteller Theodor Mommsen aus dem 19. Jahrhundert (Nobelpreis 1902).
Anlässlich des 350. Geburtstages der Christian-Albrechts-Universität im Jahr 2015 wurden die Büsten von vier dieser Ausnahmewissenschaftler in dem Ratsdienergarten am Kleinen Kiel aufgestellt, 2016 folgten die Büsten Kurt Alders und Theodor Mommsens. Die Bronzeköpfe auf Granitsockeln schuf der Bildhauer Jörg Plickat. Infotafeln informieren über die Leistung der Nobelpreisträger.

69 1926–1933 Ganz ohne Flotte geht die Chose nicht – Das Marineviertel

Wer gedacht hatte, dass es mit der Marinestadt Kiel nach dem verlorenen Ersten Weltkrieg vorbei sei und die Marine ihre große Bedeutung verlieren werde, hatte sich getäuscht. Selbstverständlich ging Kiel des Status als Reichskriegshafen verlustig, nachdem sich der Weltmachtstraum des Deutschen Reiches als beherrschender Seemacht in Luft aufgelöst hatte. Die Kaiserliche Marine galt vor dem Krieg als eine der größten Flotten der Welt. Die Bedingungen des Versailler Vertrages aber beschränkten den Umfang der zukünftigen Reichsmarine beträchtlich. Trotzdem blieb Kiel der wichtigste Marinestützpunkt in der Ostsee. Nach der Machtergreifung der Nationalsozialisten wuchs Kiel die alte Rolle als größter deutscher Marinehafen wieder zu, aufgrund der Anstrengungen der Rüstungsindustrie auf den Werften und des beschleunigten Wiederaufbaus der Seestreitkräfte. Auch wenn Adolf Hitler die Seefahrt nicht so abgöttisch liebte wie Kaiser Wilhelm II., unter anderem weil er wohl leicht seekrank wurde, und der Flotte nicht unbedingt die gleiche Bedeutung beimaß, förderte er doch im Rahmen der allgemeinen Wiederaufrüstung den Ausbau der Kriegsmarine und forderte von seinen Schiffbauern so große und schlagkräftige Schlachtschiffe wie nur möglich.

Die Vergrößerung der Flotte brachte wieder ein enormes Personalwachstum mit sich. Für die vielen Angehörigen der Marine und ihre Familien wurde zwischen 1926 und 1933 ein neues Wohnviertel im Norden der Stadt zwischen Holtenauer Straße und Westring geplant und in der Fichtestraße, Hardenbergstraße, Kleiststraße und Niebuhrstraße realisiert. In diesem so genannten Marineviertel wurde ein bemerkenswertes architektonisches Gesamtkonzept verwirklicht mit weitläufigen Innenhöfen, Torbögen, Loggien und kunstvoll verzierten Fassaden. Für die dafür verwendeten Schmuckelemente zeichneten der Bildhauer und Kunsthandwerker Alwin Blaue und seine Künstlergruppe verantwortlich. Seine Bauplastiken verleihen den unterschiedlich großen und ausgestatteten Häusern ein jeweils ganz individuelles Aussehen.

31
31

70 1933 Stolpern soll man, über die Unfassbarkeit der Nazi-Verbrechen – Stolperstein für Wilhelm Spiegel

„Kiel absolut national" titelte die Kieler Zeitung am 13. März 1933 ihre Montagsausgabe. Zwei Tage zuvor hatten die SA- und SS-Formationen der Nationalsozialisten das Rathaus besetzt, nachdem Dr. Emil Lueken, der seit 1920 in Kiel als Oberbürgermeister amtierte, vom Regierungspräsidenten in Schleswig beurlaubt worden war, und zwar auf Ersuchen der Kreisleitung Kiel der NSDAP. Damit fand die Selbstverwaltung der Stadt wie überall in Deutschland ihr Ende.

Im Februar und März 1933 schufen die Nationalsozialisten Tatsachen auf Reichsebene wie in Kiel. Mit der Ernennung Adolf Hitlers zum Reichskanzler einer Koalitionsregierung aus NSDAP und DVP durch Reichspräsident Hindenburg am 30. Januar und nach den Reichstagswahlen am 5. März 1933 eroberte die NSDAP endgültig die politische Macht. Am 1. Februar organisierten die nationalsozialistischen Verbände einen triumphalen Fackelzug durch die Kieler Innenstadt zu Ehren von Hitler und Hindenburg. Auch in Kiel gelang es den Nazis, mit Hilfe der SA-Männer und auch der Polizei, durch die Verhaftungen von führenden Kommunisten und Sozialdemokraten sowie durch die Besetzung des Gewerkschaftshauses in der Legienstraße ihre politischen Gegner auszuschalten.

In den Kommunalwahlen am 12. März konnte die NSDAP bei einer extrem hohen Wahlbeteiligung von 92,1 % ihr bisher bestes Ergebnis in Kiel einfahren: 47,7 % aller Stimmen, fast 4% über dem Reichsdurchschnitt. Zusammen mit anderen nationalistischen Gruppierungen hatten die Nationalsozialisten damit die absolute Mehrheit im Kieler Stadtparlament erreicht. Dieses Wahlergebnis war letztlich kein Wunder angesichts des enormen Propagandaaufwands der Nazis und der massiven Behinderungen der anderen Parteien. Trotzdem errangen auch SPD und KPD zusammen fast 40 % der Stimmen. Dadurch war klar, wo der zukünftige Hauptgegner der Nazis zu suchen war. Am Tag vor der Wahl schuf man bereits vollendete Tatsachen durch die Absetzung des Oberbürgermeisters. Der Kreisleiter der NSDAP Walter Behrens erklärte sich zum Oberbürgermeister von Kiel. Dieser Tag bedeutete das Ende der Demokratie in Kiel.

Adolf Hitler und Reichspräsident Paul von Hindenburg wurden im Laufe des Jahres 1933 zu Ehrenbürgern der Stadt Kiel ernannt. Zum 1. April 1933 eröffnete die NSDAP den Boykott jüdischer Geschäfte in Kiel.

Das erste Opfer der Nazis war der jüdische Rechtsanwalt Wilhelm Spiegel, der in der Nacht vor der Märzwahl in seinem Haus am Forstweg ermordet wurde. Nachts um 2.30 Uhr klingelten zwei Nationalsozialisten, davon einer in SA-Uniform, am Haus Spiegels. Als der Rechtsanwalt sie hereinließ und vor ihnen her in sein Arbeitszimmer ging, töteten sie ihn durch einen Schuss in den Hinterkopf.

Wilhelm Spiegel hatte sich nach seinem Studium 1905 in Kiel als promovierter Rechtsanwalt niedergelassen und genoss bald sehr großes Ansehen. Der 57-Jährige war seit 1911 Stadtverordneter, von 1919 bis 1924 stand er der Kieler Stadtverordnetenversammlung vor. Auch für die anstehende Kommunalwahl war er wieder von der SPD nominiert worden.

Als führender Vertreter der Kieler Arbeiterschaft hatte er während des Kapp-Putsches 1920 an einer gewaltfreien Auseinandersetzung mitgewirkt. Zum erklärten Feind der Nazis machte er sich durch die Verteidigung des Chefredakteurs der sozialdemokratischen Schleswig-Holsteinischen Volkszeitung Kurt Wurbs in einem Verfahren, in dem Hitler der Ankläger war. Tausende von Kieler Arbeitern begleiteten den Trauerzug zum Alten Urnenfriedhof. Die Beerdigung Spiegels wurde zu der letzten Demonstration des republikanischen Kiels.

Wilhelm Spiegels Ermordung durch die Nationalsozialisten am 12. März 1933 markierte in tragischer Weise die brutale Machtübernahme der NSDAP in Kiel. Im Wandelgang vor dem Ratssaal hängt seit 1953 ein von Niels Brodersen geschaffenes Porträt Spiegels. 2006 wurde vor dem früheren Wohnhaus Spiegels im Forstweg 40 ein Stolperstein verlegt.

71 1935 Eine Adresse zum Fürchten – Die Gestapo in Kiel

Düppelstraße 23, ehemals eine Adresse zum Fürchten. Im Dritten Reich war in diesem Haus die für ganz Schleswig-Holstein zuständige Staatspolizeistelle Kiel untergebracht, die Zentrale der Geheimen Staatspolizei Gestapo.

Hier fanden zwischen 1935 und 1945 die Überwachung, die Verhaftung, die Verhöre, die Bestrafung und Tötung der Gegner des nationalsozialistischen Regimes statt, und zwar mit der unfassbar brutalen und menschenverachtenden Sachlichkeit und Genauigkeit der damaligen Bürokratie. In diesem Haus geschahen grausame Verbrechen. Von hier aus wurde die Deportation der schleswig-holsteinischen Juden in die Vernichtungslager organisiert.

Leiter der Staatspolizeileitstelle Kiel war zunächst Hans Henschke, ein Jurist, der 1931 in die NSDAP eingetreten und rasch in der SA und der SS zum Obersturmbannführer aufgestiegen war. Nach seinem Studium war er in den Dienststellen der Gestapo in Münster, Berlin, Dessau und Königsberg, dort als stellvertretender Leiter, eingesetzt. Am 8. September 1941 wurde er zum Leiter der Staatspolizeistelle Kiel ernannt, wo er maßgeblich ab Dezember 1941 die Deportation von Juden aus Kiel organisierte. Nach Kriegsende gelang es ihm zunächst unterzutauchen. Von 1948 bis 1955 verbüßte er zwar eine Haftstrafe, aber die folgenden Verfahren wurden eingestellt.

Von Februar 1944 bis zum Kriegsende leitete Fritz Schmidt die Gestapo in Kiel. Der Jurastudent Schmidt war schon früh Mitglied der NSDAP geworden, war nach der Machtübernahme in der SA und später in der SS. Er arbeitete in verschiedenen Positionen bei den Staatspolizeileitstellen Berlin und Hannover. Nach Kriegsbeginn wurde der Sturmbannführer in das Reichssicherheitshauptamt versetzt, bis er dann in Kiel als Leiter der schleswig-holsteinischen Gestapo eingesetzt wurde. Unmittelbar nach seinem Amtsantritt ließ er das Arbeitserziehungslager Nordmark errichten und war dort für die Exekutionen von mehr als 600 Menschen verantwortlich. Nach Kriegsende konnte auch er zunächst untertauchen und mit falscher Identität in verschiedenen Städten unerkannt leben, bevor er entdeckt und angeklagt und zu einer geringfügigen Haftstrafe verurteilt wurde.

Das Haus Düppelstraße 23 ist heute Sitz des 1. Polizeireviers. Seit dem Jahr 2000 erinnert eine Kunstinstallation von Melanie Pilz und eine Dokumentationstafel an das dunkle Kapitel in der Geschichte dieses Gebäudes. Das Mahnmal besteht aus einem sehr großen, schlichten Holzstempel auf einem Betonsockel. Der Stempel, eigentlich Symbol für Recht und Ordnung, mahnt an die in diesem Namen verübten Verbrechen. Auf der Stempelunterseite sind Name und Anschrift der Behörde spiegelverkehrt vermerkt. Unter dem Stempel liegt eine Metallliste mit den Namen von Menschen, die an dieser Stelle ihr Leben verloren.

72 1936 Das Olympische Feuer erlosch– Die Olympischen Segelwettbewerbe

Schon vier Jahre nach der Einführung der Olympischen Spiele der Neuzeit wurden 1900 während der Spiele von Paris an der französischen Küste die ersten Olympischen Segelwettbewerbe veranstaltet.

1931 hatte das Internationale Olympische Komitee die Olympischen Spiele 1936 an Berlin vergeben. Wer weiß, wie die Entscheidung ausgefallen wäre, hätte man schon gewusst, dass die Berliner Spiele weniger dem olympischen Geist als vielmehr der nationalsozialistischen Propaganda dienen würden. Während die Winterspiele in Garmisch-Partenkirchen stattfinden sollten, fiel die Wahl für den Austragungsort der Segelwettbewerbe auf Kiel.

Kiel bereitete sich gründlich auf dieses internationale Ereignis vor. Es sollte kein olympisches Dorf geben, sondern lediglich ein Haus für die teilnehmenden Sportler am Hindenburgufer neben dem Institut für Weltwirtschaft. Vorrang aber hatte der Ausbau der Sportanlagen. An der Reventloubrücke wurde der Yachthafen hergerichtet. In Düsternbrook entstand an der Stelle einer Badeanstalt der Olympiahafen. Der Hauptschauplatz der Segelwettkämpfe sollte die Innenförde sein.

Ansonsten bestand der Schmuck der Stadt nahezu ausschließlich aus Flaggen, 26 Flaggen für die am Segeln teilnehmenden Nationen oberhalb der Bellevuebrücke, 53 Flaggen für alle teilnehmenden Länder, nicht zu vergessen die Flaggenflut auf dem Rathausplatz, der damals Adolf-Hitler-Platz hieß.

Nach ihrer Rückkehr von der Eröffnungsfeier in Berlin wurden die Segler am 2. August 1936 jubelnd am Bahnhof „als Jugend der Welt" begrüßt und mit einem Hafendampfer zum Olympiaheim gebracht. Am Tag darauf wurden die Olympischen Segelwettbewerbe bei stürmischem und regnerischem Wetter am Hindenburgufer vor unzähligen Zuschauern feierlich eröffnet. Das olympische Feuer wurde im Mastkorb der Olympiakogge, des Nachbaus einer Hansekogge, entzündet. Ein schlechtes Omen war, dass die Kogge während des

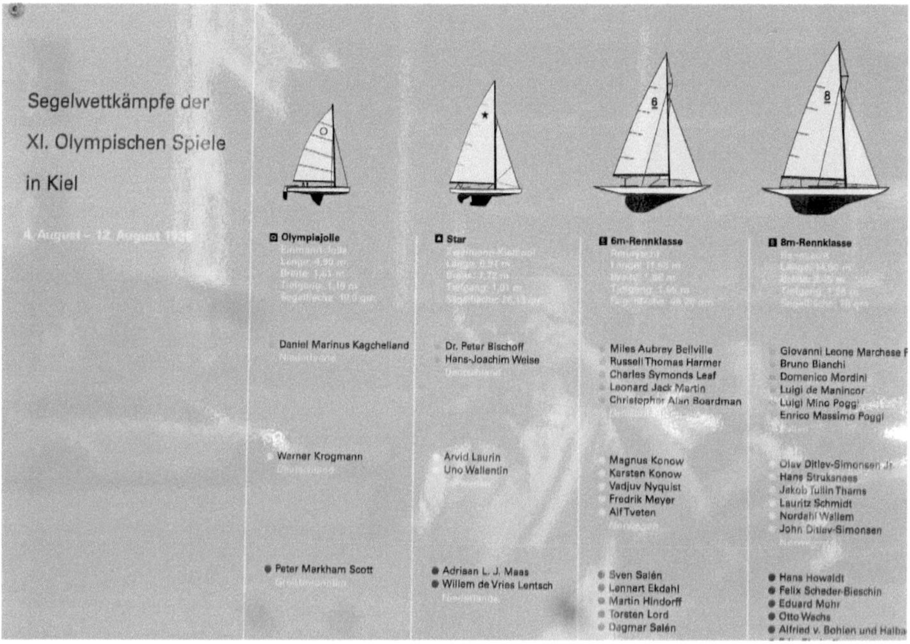

nächtlichen Sturmes kenterte und das olympische Feuer erlosch. Trotz dieses Missgeschicks konnten die Segelwettbewerbe am nächsten Tag beginnen.
Am 12. August nahmen etwa 50.000 Menschen an der Abschlussveranstaltung auf dem Festplatz vor Bellevue teil und feierten die drei deutschen Medaillengewinne.
Eine Gedenktafel am Eingang zum Sportboothafen Düsternbrook, dem ehemaligen „Olympiahafen", erinnert an die Olympischen Segelwettbewerbe 1936. Eine Informationstafel daneben zeigt die Ergebnisse des Wettkampfs.

73 1937 Wider den Ungeist – Der Geistkämpfer

Diese Skulptur trägt ihren Namen zu Recht.
Der in Güstrow lebende expressionistische Bildhauer Ernst Barlach erhielt im August 1926 Besuch von dem Kieler Stadtbaurat Dr. Willy Hahn. Dieser trug dem bedeutendsten lebenden schleswig-holsteinischen Bildhauer den Auftrag an, für die Kieler Altstadt ein Monument zu schaffen, dessen Motiv und Standort der Künstler in vollständiger künstlerischer Freiheit selbst bestimmen könne. Trotz dieser Aussichten zögerte Barlach, aber schließlich nahm er den Auftrag an.
Die von Barlach entworfene fünfeinhalb Meter hohe Bronzeskulptur wurde am 29. November 1928 vor der Heiligengeistkirche zwischen Falckstraße und Klosterkirchhof aufgestellt.
Auf einem breiten Sockel steht ein zähnefletschendes, dämonisch grausiges Tier. Auf seinem Rücken erhebt in aufrechter Haltung ein Engel mit beiden Händen ein langes Schwert hoch in die Luft. Der Engel neigt seinen Kopf zur Seite und richtet den Blick nachdenklich in die Ferne. Barlach interpretierte seine Plastik als „äußere Darstellung eines inneren Vorganges". Er griff damit das uralte Thema des Kampfes zwischen Gut und Böse auf. Der Geist besiegt das triebhaft Böse. Da Barlach seinem Werk keinen Titel beigegeben hatte, schlug die Kieler Zeitung den Namen „Geistkämpfer" vor, der dann auch von dem Künstler akzeptiert wurde.
Aber auch in gar keiner Weise entsprach dieser „Geistkämpfer" nach Inhalt und Form dem nationalsozialistischen Kunstgeschmack. Die Nationalsozialisten stuften die Werke Barlachs allgemein als „entartete Kunst" ein und veranlassten die Entfernung des Geistkämpfers. Wie in Kiel verschwanden die Werke Barlachs aus allen deutschen Museen, er selbst wurde überwacht.
Zunächst wurde die Figur am 20. April 1937, dem Geburtstag Adolf Hitlers, abgebaut und ins Kieler Thaulow-Museum, das Schleswig-Holsteinische Landesmuseum am Sophienblatt, gebracht. 1939 sollte sie nach dem Willen der Machthaber ins Ausland verkauft oder sogar eingeschmolzen werden, aber Freunde Barlachs schafften es auf Umwegen, das Kunstwerk zu kaufen und, in vier Teile zerlegt, auf einem Bauernhof in der Lüneburger Heide zu verstecken und so in Sicherheit zu bringen. Ernst Barlach starb achtundsechzigjährig am 24. Oktober 1938 in Rostock, ohne die Rettung seines Geistkämpfers mitzuerleben.
In der Kieler Woche 1954 am 19. Juni kehrte die Barlach-Plastik nach langen Streitigkeiten über die Besitzverhältnisse endlich wieder nach Kiel zurück, neun Jahre nach Kriegsende und 17 Jahre nach seiner gewaltsamen Entfernung erhielt der „Geistkämpfer" vor der Nikolaikirche einen neuen Standort, weil der ehemalige vor der Heiligengeistkirche im Krieg zerstört worden war. Die Skulptur kann als eines der bedeutendsten Werke Ernst Barlachs und als eines der beeindruckendsten Kunstwerke Kiels angesehen werden.

74 1938 Nicht einmal Ehrfurcht vor einem Gotteshaus – Die jüdische Synagoge in Kiel

Die ersten jüdischen Mitbürger Kiels werden gegen Ende des 17. Jahrhunderts erwähnt. Es handelte sich um die Handel treibenden so genannten „Hofjuden", die unter dem besonderen Schutz des dänischen Königs Christian VII. standen und für ihn die Geldgeschäfte regelten. Im 19. Jahrhundert wuchs die jüdische Gemeinde an. Zunächst war für diese Gemeinschaft 1782 ein erstes jüdisches Bethaus im ehemaligen Kaffeehaus der Universität in der Kehdenstraße 12 eingerichtet worden. Hinter der hoch aufragenden gotischen Fassade des ersten Stockwerks lag der große Betsaal. Im Erdgeschoss dieses Hauses aus dem 16. Jahrhundert lebte die Familie des Kultusbeamten, dem wie allen Juden der Erwerb von Grundbesitz, das Betreiben von Landwirtschaft oder eines Zunfthandwerks verwehrt war, der seine Familie durch einen Kleinhandel ernährte und feiertags unentgeltlich die Funktion des Kultusbeamten wahrnahm, denn einen hauptamtlichen Rabbiner hatte die kleine Kieler Gemeinde aus 62 Gläubigen nicht.
Ab 1852 konnten die jüdischen Bürger Kiels ihre Verstorbenen auf einem eigenen Friedhof in der Michelsenstraße beisetzen, zuvor war das nur in Rendsburg möglich, einer so genannten „Toleranzstadt", in der die jüdischen Bewohner unter besonderem rechtlichen Schutz als Minderheit leben konnten. 1854 wurde im Herzogtum Schleswig die bürgerliche Gleichstellung der Juden vollzogen, 1863 zog das Herzogtum Holstein nach.
1869 konnte in der Haßstraße die erste richtige Synagoge bezogen werden, ein dreistöckiges Backsteinhaus mit einem Betsaal für 85 Männer und einer Frauenempore. Doch auch diese Stätte wurde schließlich aufgrund der auf über 400 Menschen angewachsenen Gemeinde zu klein. Am 2. Januar 1910 wurde deshalb eine große Synagoge am Schrevenpark an der Ecke Goethestraße/Humboldtstraße in Anwesenheit des Kieler Oberbürgermeisters Paul Fuß und des Oberrabbiners aus Wandsbek feierlich eingeweiht, ein prächtiger Zentralbau mit einer imposanten Kuppel, der mehr als 400 Menschen Platz bot.
Mitte der 1920er Jahre lebten etwa 600 Juden, mehrheitlich Kaufleute, Rechtsanwälte, Ärzte und Hochschuldozenten, in Kiel, die damit die größte jüdische Gemeinde Schleswig-Holsteins bildeten. Die große Synagoge fiel den brutalen Ausschreitungen in der Pogromnacht vom 9. November 1938 zum Opfer, als in ganz Deutschland 1118 Synagogen, 288 jüdische Bethäuser und die meisten jüdischen Geschäfte und auch Wohnungen zerstört und Tausende von jüdischen Menschen verhaftet, bedroht und ermordet wurden. Auf Befehl des damaligen Kieler Polizeipräsidenten verwüsteten und plünderten SA- und SS-Leute das Gotteshaus und steckten es in Brand. Der Feuerwehr wurde das Löschen zunächst verboten. Auch in Kiel wurden anschließend zahlreiche jüdische Geschäfte und Wohnungen demoliert. Der

Großteil der Kieler Juden wurde in die Vernichtungslager der Nationalsozialisten deportiert und dort ermordet. Einige wenige konnten sich noch rechtzeitig durch den Gang ins Exil retten.

Zum Gedenken an diese Ereignisse wurde 1989 an dem Ort der Synagoge ein Mahnmal errichtet, gestaltet von der Hamburger Bildhauerin Doris Waschk-Balz. Heute leben etwa 550 meist osteuropäische Juden in Kiel.

75 1944 Brutalität kennt keine Grenze mehr – Das Arbeitslager Nordmark

Was 1933 mit der Ermordung des Kieler Rechtsanwalts Wilhelm Spiegel durch die Nazis begann und in der Pogromnacht 1938 seine grausige Fortsetzung fand, findet seinen brutalen Höhepunkt in der Deportation und Ermordung der jüdischen Bürger der Stadt und schließlich in der Errichtung eines Arbeitslagers vor den Toren Kiels.

Das Arbeitslager Nordmark an der Rendsburger Landstraße in Russee wurde von Fritz Schmidt, dem Leiter der schleswig-holsteinischen Gestapo von Februar 1944 bis zum Kriegsende, unmittelbar nach seinem Amtsantritt initiiert und bestand vom Juni 1944 bis zum 4. Mai 1945. Sein Kommandant wurde der SS-Sturmbannführer Johannes Post, der Hauptverantwortliche für die Verbrechen, die hier geschahen. Zum Lager gehörten zwanzig Baracken, eine Kranken- und eine Arrestbaracke mit 48 fensterlosen Einzelzellen sowie zwei Wachtürme. Offiziell hießen diese seit 1940 in ganz Deutschland errichteten Lager „Arbeitserziehungslager" (AEL), in denen Arbeitsunwillige „erzogen", also zur Arbeit gezwungen werden sollten. Auch politisch Verdächtige wurden hier inhaftiert. In Kiel war die Existenz dieses Lagers bekannt. Tag für Tag sah man die Häftlinge durch die Straßen ziehen, und jedermann sah auch den Zustand, in dem sie sich befanden.

In dem KZ-ähnlichen Arbeitslager wurden etwa 5.000 Menschen gefangen gehalten, meist russische oder polnische Zwangsarbeiter. In Kiel mangelte es wie in ganz Deutschland seit Kriegsbeginn an Arbeitskräften. Sie wurden ersetzt durch die unzähligen Fremdarbeiter aus den besetzten Gebieten vor allem Osteuropas. An den zehnstündigen Arbeitstagen mussten harte Arbeiten verrichtet werden, wie die Trümmerbeseitigung in der Stadt, der Bau von Bunkern und Zwangsarbeiten in der Rüstungsindustrie und bei ortsansässigen Unternehmen. Die Häftlinge wurden bis zur Erschöpfung zur Arbeit geprügelt, misshandelt und auch ermordet. 600 Menschen starben an diesem Ort.

Kurz vor Kriegsende wurden weitere Gefangene aus anderen Konzentrationslagern nach Kiel evakuiert. Angesichts des Vordringens der alliierten Truppen begann im Arbeitslager Nordmark die systematische Erschießung von Inhaftierten. Massengräber wurden ausgehoben. Die Aufseher vernichteten alle Spuren, die meisten von ihnen flüchteten vor der alliierten Armee nach Dänemark. Am 3. und 4. Mai 1945 befreiten britische Soldaten die letzten Gefangenen. Nach und nach wurden die Massengräber entdeckt.

Das britische Militärgericht verurteilte Johannes Post und seinen Stellvertreter zum Tode, sie wurden hingerichtet. Der Kieler Gestapoleiter Fritz Schmidt wurde jedoch erst 1963 entdeckt. Die Anklage gegen ihn wurde aus Mangel an Beweisen fallen gelassen.

1971 wurde zunächst ein einfacher Findling zum Gedenken an die Greueltaten an dem Ort aufgestellt, an dem sich das Lager befand. 1985 wurde ein weiterer Gedenkstein errichtet. Erst 2003 wurde ein angemessener Erinnerungsort gestaltet, der mit Hilfe von Stelltafeln die Geschichte dieses Arbeitslagers eingehend darlegt.

76 1945 „Allns in Dutt" – Die Zerstörung Kiels im Zweiten Weltkrieg und der Wiederaufbau

„Allns in Dutt." Alles lag in Trümmern. Die Zerstörung der Stadt war komplett. Kiel gehörte zu den am schwersten zerbombten deutschen Städten. Kein Wunder eigentlich, denn Kiel beherbergte die Kriegsmarine, lag am Ende des Nord-Ostsee-Kanals und war mit den Werften ein zentraler Ort der maritimen Rüstungsindustrie, vor allem des U-Boot-Baus.

Der fünfstündige englische Luftangriff auf Kiel in der Nacht vom 7. April 1941 war der erste auf die Stadt Kiel mit vielen Toten und starken Beschädigungen und der bis dahin schwerste auf eine deutsche Großstadt überhaupt. Danach folgten noch etwa 90 Luftangriffe der Engländer und Amerikaner auf Kiel während des Zweiten Weltkriegs, in deren Folge fast 3.000 Menschen ihr Leben verloren. Die heftigsten Angriffe aus der Luft erfolgten im Dezember 1943 und August 1944. Mehr als 44.000 Sprengbomben und 500.000 Brandbomben gingen auf Kiel nieder. Blindgänger werden bis heute bei Tiefbauarbeiten gefunden.

Bei Kriegsende waren etwa 80 % der Stadt zerstört oder stark beschädigt. Die Innenstadt und das Ostufer waren am schwersten betroffen. Dort blieben nur vier Prozent der Häuser unversehrt. Zahlreiche öffentliche und historische Gebäude waren für immer verloren. Die Zahl der Todesopfer wäre noch höher gewesen, wenn nicht viele Kieler evakuiert, vor allem Kinder im Rahmen der Kinderlandverschickung in Sicherheit gebracht worden wären. Außerdem waren nach dem schweren Luftangriff von 1941 sehr viele bombensichere Luftschutzbunker gebaut worden. Manche Hausbesitzer errichteten auf ihrem Grundstück eigene kleine Bunker, wie den vor dem Flandernbunker in der Wik. Die Einwohnerzahl Kiels war 1945 auf 145.000 geschrumpft.

Der 4. Mai 1945 war der letzte Tag mit Kriegshandlungen, am Nachmittag fand die kampflose Übergabe der Stadt an eine Abordnung der Britischen Armee statt. Nun war endlich Frieden, und der schwere Wiederaufbau der völlig zerstörten Stadt konn-

te beginnen. Es sollte Jahrzehnte dauern, bis Kiel wieder vollständig aufgebaut war. Diese Situation nutzten die Stadtplaner für neue städtebauliche Ideen und neue Architektur. Die Holstenstraße wurde zur ersten deutschen Fußgängerzone ausgebaut. Die Gebäude der Kieler Universität am Schlossgarten waren ebenfalls zerstört. Ihren neuen Standort erhielt die Christian-Albrechts-Universität am Stadtrand in den unversehrt gebliebenen Gebäuden der ELAC am Westring. Auf dem neuen Campus entstanden Gebäude in einer modernen Architektur, die mit geometrischen Formen wie Rechteck, Dreieck oder Sechseck spielt: 1962 die Universitätsbibliothek, 1965 die Universitätskirche, 1969 das neue Auditorium Maximum.

Andreas Gayk, der Oberbürgermeister der Wiederaufbauzeit, verfügte, dass im Hauptkorridor des Rathauses ein Wandrelief zur Erinnerung an die enormen Aufbauleistungen der Kieler Bevölkerung angebracht werden sollte. Zur Kieler Woche 1957 wurde das Relief „Bürger bauen eine neue Stadt" eingeweiht. Auf acht Sandsteinfeldern mit den Titeln: „Lebensangst", „Bombenopfer", „Trümmerräumung", „Trümmerbegrünung", „Schiffbau", „Der schaffende Mensch", „Kieler Woche" und „Jugend" hatten die Bildhauer Alwin Blaue und Fritz During Bilder von der Zerstörung und vom Wiederaufbau der Stadt festgehalten.

77 1947 Ein kleines Kreuz ganz groß – Das Nagelkreuz von Coventry

Da hängt es im Altarraum der Nikolaikirche: ein kleines unscheinbares Kreuz in einer Seitennische unterhalb des mächtigen und prächtigen Triumphkreuzes zwischen Chor und Kirchenschiff aus dem Jahr 1490, das auf den Triumph des auferstandenen Christus über den Tod hinweist. Das aus drei Nägeln gefertigte Kreuz in der Nische ist klein und schlicht. Aber seine Bedeutung und seine Symbolkraft sind eigentlich gewaltig.

Das Nagelkreuz von Coventry erinnert an das Schicksal der Kieler Partnerstadt Coventry im Zweiten Weltkrieg. Coventry, eine Industriestadt in den West Midlands Englands von ähnlicher Größe wie Kiel, wurde wegen der dort angesiedelten Munitionsindustrie zum Ziel der deutschen Luftwaffe, die eine lange Reihe von Bombenangriffen auf die Stadt flog. Am 14. November 1940 wurde Coventry Opfer eines verheerenden deutschen Angriffs, der so genannten „Operation Mondscheinsonate", bei dem 550 Menschen ihr Leben verloren und weite Teile der Innenstadt zerstört wurden, darunter die spätmittelalterliche St. Michael's Kathedrale.

Im gleichen Jahr trafen auch Kiel die ersten Bombenabwürfe. Auch Kiel war als bedeutendster Hafen der deutschen Kriegsmarine und der Rüstungsindustrie in den Werften ein kriegswichtiges Ziel der Alliierten. Ab 1943 nahmen die Luftangriffe an Heftigkeit ständig zu. Der letzte Bombenangriff traf die Stadt am 3. Mai 1945. Insgesamt wurde Kiel Opfer von 90 Luftangriffen. Etwa 44.000 Sprengbomben und 500.000 Brandbomben gingen auf die Stadt nieder. Nahezu 3.000 Menschen starben dabei. Kiel wurde zu 80 % zerstört.

Der Domprobst Richard Howard der Kathedrale in Coventry barg drei große Zimmermannsnägel aus dem Dachstuhl seiner zerstörten Kirche und ließ daraus ein Kreuz zusammensetzen. Sein Nachfolger entwickelte den Plan einer Gemeinschaft von Nagelkreuzzentren. In Deutschland gehören 63 Gemeinden dazu, weltweit sind es 160. Das Ziel der Gemeinschaft ist die Versöhnungsarbeit nach

dem Zweiten Weltkrieg sowie der Aufbau einer Friedenskultur. Als Zeichen der Verbundenheit erhält jedes Nagelkreuzzentrum ein Kreuz aus drei Nägeln von Coventry, das dem originalen Kreuz nachgebildet ist.
Das Kieler Nagelkreuz ist das älteste Nagelkreuz in Deutschland. 1947 wurde dieses christliche Symbol aus der Kathedrale von Coventry in der Kieler Nikolaikirche aufgehängt. Das kleine Kreuz soll die Idee der völkerweiten Versöhnung und des Friedens in die Welt hinaustragen.

78 1961 Teil des Ostsee-Netzwerks und Tor zum Norden – Kiel als Fährhafen

Kiel wäre nur halb so viel ohne die Verbindung zum europäischen Norden.
Am 24. April 1961 war es soweit. Der Karriere Kiels als bedeutender Fährhafen stand nichts mehr in Wege.
Die Idee des norwegischen Reeders Anders Jahre, eine regelmäßig verkehrende Fährverbindung zwischen Kiel und Oslo einzurichten, wurde Wirklichkeit. Der „Oslokai" getaufte Fähranleger konnte nach zweijähriger Planung eingeweiht werden. Die Wahl des verkehrsgünstig gelegenen und doch attraktiven innerstädtischen Standortes war auf den Bereich nördlich des Seegartens gefallen.
Zu den aufwändigen Vorbereitungs- und Bauarbeiten gehörte die Sicherstellung der Tragfähigkeit des Baugrundes: Schlick musste aus dem Hafenbecken abgetragen, Sand aufgespült und eine Pierplatte auf zweihundert Pfähle gesetzt werden. An Land mussten verschiedene Straßenbaumaßnahmen eingeleitet werden.
Am 3. Mai 1961 legte zum ersten Mal das neue Fährschiff am Oslokai an. Es war die „Kronprins Harald", ein modernes und komfortabel ausgestattetes Fährschiff mit 7.500 BRT, das 500 Passagiere und 120 Autos nach Norwegen befördern konnte. Noch am selben Tag fuhr das Schiff nach Oslo zurück.
Fährverbindungen hatten in Kiel eine lange Tradition. Nicht weit von dem Standort entfernt lagen schon im 18. Jahrhundert Segelschiffe, die Kiel regelmäßig mit St. Petersburg und mit der dänischen Hauptstadt verbanden. Hier ankerte auch die „Caledonia", das erste Dampfschiff auf der Ostsee, das seit 1819 als Post- und Passagierschiff zwischen Kiel und Kopenhagen verkehrte. Nachdem 1832 die Chaussee nach Altona fertig gestellt worden war, belebte sich der Fährverkehr nach Kopenhagen noch mehr. Neben der „Caledonia" lag die modernere „Löven", die Johann Schweffel von Kiel aus in Fahrt gesetzt hatte, daneben die „Friedrich VI." und die „Christian VIII." eines dänischen Reeders. Die Überfahrt dauerte 26 Stunden. Zweimal in der Woche legten die Dampfschiffe in Richtung Kopenhagen ab. Von der Mitte des 19. Jahrhunderts an verkehrten auch Schiffe zwischen Kiel und Aarhus, Flensburg, Laaland, Korsör, Göteborg und Christiania, dem heutigen Oslo. Die beiden Weltkriege leiteten weitgehend das Ende der Fährverbindungen ein.
Diese Historie hieß es nun wiederzubeleben. Die neue Fähre von Kiel nach Oslo ab 1961 wurde zum riesigen Erfolg. Innerhalb der ersten fünf Jahre stieg die Zahl von Passagieren und Autos um nahezu 100%. Vor allem der LKW-Transport übertraf alle Erwartungen in nicht geahntem Ausmaß. Die Kaianlage wurde 1964/65 vergrößert, ein zweites Fährschiff mit Namen „Prinzesse Ragnhild" wurde 1966 eingesetzt. Mehrere neue Fährlinien nach Gö-

teborg, Korsör und Bagenkop mussten eingerichtet werden. „Fährhaus nach Norden", so wurde Kiel auf einer Sondermarke der deutschen Bundespost genannt.
Erst die Vorbereitungen für die Segelolympiade 1972, die wieder in Kiel stattfand, bescherten der Landeshauptstadt und damit den Fährverbindungen den längst überfälligen Autobahnanschluss und damit einen weiteren kräftigen Schub.
Im Laufe der Jahre wurden neue Erweiterungen und Baumaßnahmen erforderlich. Die Göteborgfähren wurden an den ausgebauten Bollhörnkai, den Schwedenkai, verlegt. Ein dritter Fähranleger für die Schiffe nach Oslo, der Norwegenkai, wurde gegenüber dem Bollhörnkai auf dem Ostufer eingerichtet. Aus dem alten Oslokai, nun Ostseekai, entstand ein Liegeplatz für die zahlreichen Kreuzfahrtschiffe, die Kiel anlaufen.
Kiel ist damit der halbe Teil eines bedeutenden Ostsee-Netzwerks, dessen anderer Teil in den nordeuropäischen Ländern liegt.

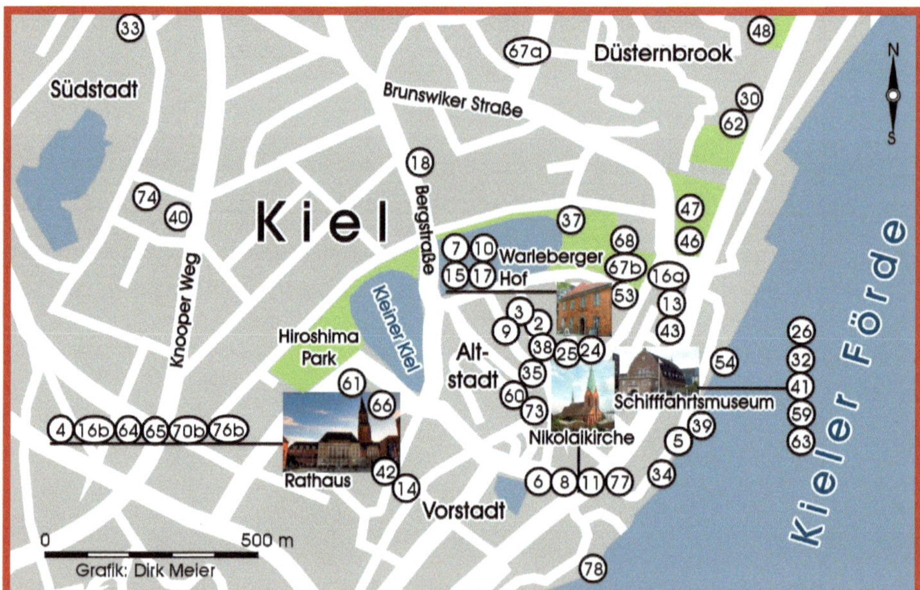
Kiel
Düsternbrook
Südstadt
Brunswiker Straße
Bergstraße
Knooper Weg
Kleiner Kiel
Hiroshima Park
Warleberger Hof
Alt-stadt
Schifffahrtsmuseum
Nikolaikirche
Rathaus
Vorstadt
Kieler Förde
N
S
0
500 m
Grafik: Dirk Meier
33
67a
48
30
62
18
74
40
37
47
46
68
7
10
15
17
67b
16a
53
13
3
2
9
43
38
25
24
54
26
32
41
59
63
35
60
73
61
66
4
16b
64
65
70b
76b
39
5
42
14
6
8
11
77
34
78

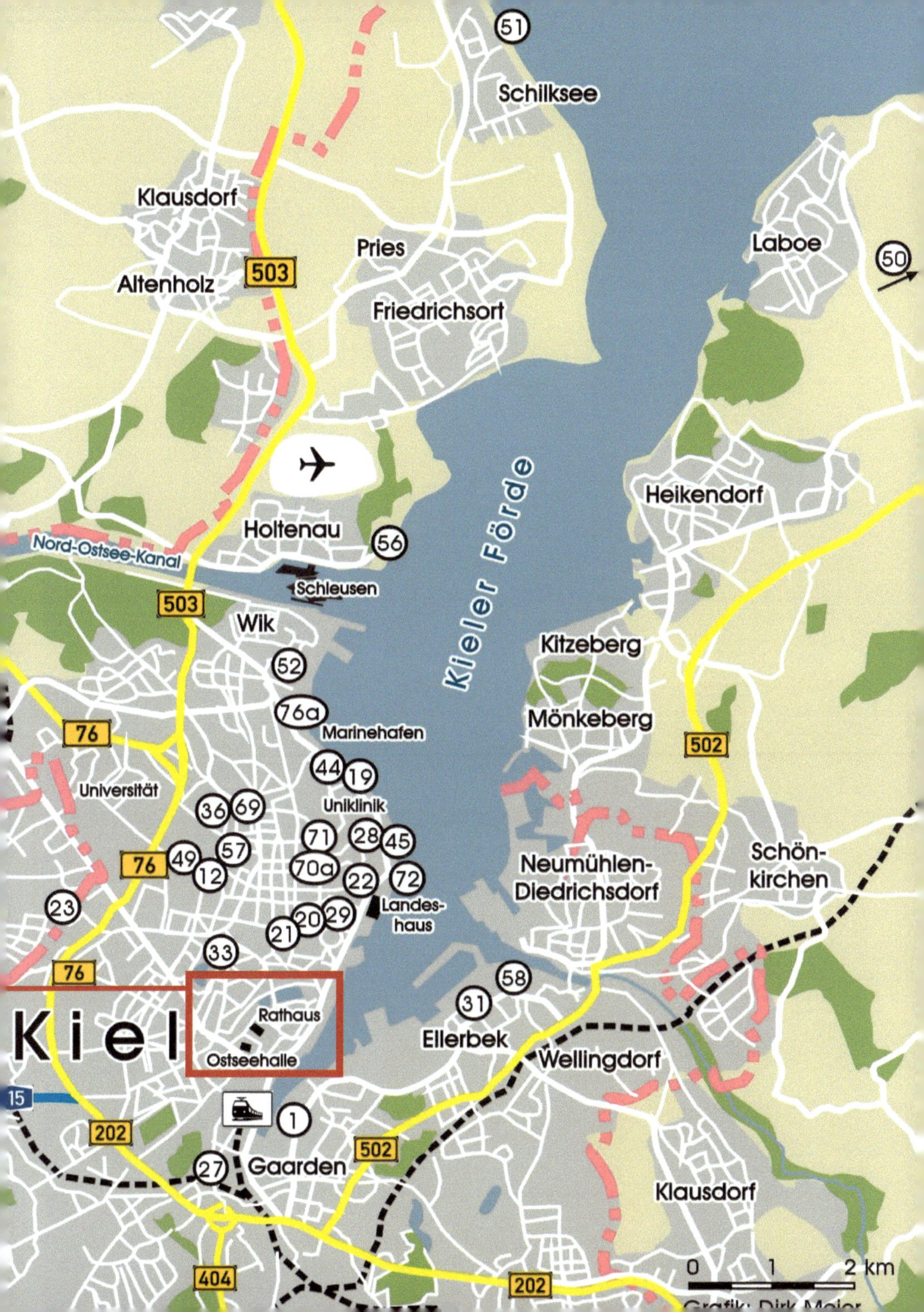

51
Schilksee
Klausdorf
Pries
Laboe
50
503
Altenholz
Friedrichsort
Kieler Förde
Heikendorf
Holtenau
56
Nord-Ostsee-Kanal
Schleusen
503
Wik
Kitzeberg
52
76a
Marinehafen
Mönkeberg
76
502
44
19
Universität
Uniklinik
36
69
71
28
45
Schön-
kirchen
49
57
76
12
70a
22
72
Neumühlen-
Diedrichsdorf
23
Landes-
haus
20
29
21
33
58
76
31
Rathaus
Kiel
Ellerbek
Wellingdorf
Ostseehalle
15
1
202
502
27
Gaarden
Klausdorf
0
1
2 km
404
202

Adressen der Objekte

(1) Germaniahafen
Ernst-Busch-Platz
24143 Kiel

(2) Klostergarten
Falckstraße 9
24103 Kiel

(3) Klostergarten
Falckstraße 9
24103 Kiel

(4) Kieler Rathaus
Fleethörn 9
24103 Kiel

(5) Seegartenbrücke
Wall 65
24103 Kiel

(6) St.-Nikolai-Kirche
Alter Markt
24103 Kiel

(7) Stadtmuseum Warleberger Hof
Dänische Str. 19
24103 Kiel

(8) St.-Nikolai-Kirche
Alter Markt
24103 Kiel

(9) Klostergarten
Falckstraße 9
24103 Kiel

(10) Stadtmuseum Warleberger Hof
Dänische Str. 19
24103 Kiel

(11) St.-Nikolai-Kirche
Alter Markt
24103 Kiel

(12) Audimax der Christian-Albrechts-Universität
Christian-Albrechts-Platz 2
24118 Kiel

(13) Schlossgarten
Kieler Schloss
Dänische Str. 44
24103 Kiel

(14) Asmus-Bremer-Platz
24103 Kiel

(15) Stadtmuseum Warleberger Hof
Dänische Str. 19
24103 Kiel

(16a) Schlossgarten
Kieler Schloss
Dänische Str. 44
24103 Kiel

(16b) Kieler Rathaus
Fleethörn 9
24103 Kiel

(17) Stadtmuseum Warleberger Hof
Dänische Str. 19
24103 Kiel

(18) Bergstraße/Ecke Muhliusstraße
24103 Kiel

(19) Hirschfeldblick
Bismarckallee
24105 Kiel

(20) Niemannsweg/
Ecke Schwesterngang
24105 Kiel

(21) Kieler Gelehrtenschule
Feldstraße 19
24105 Kiel

(22) Düsternbrooker Gehölz
Krusenkoppel
Karolinenweg
24105 Kiel

(23) Friedhof Eichhof
Haupteingang Eichhofstraße 56
24116 Kiel

(24) Erinnerungsstele
Stadtmuseum Warleberger Hof
Dänische Str. 19
24103 Kiel

(25) Lüneburghaus
Dänische Str. 22
24103 Kiel

(26) Schifffahrtsmuseum
Wall 65
24103 Kiel

(27) Rondeel/
Ecke Alte Lübecker Chausee
24114 Kiel

(28) Düsternbrooker Gehölz in Höhe des Niemannsweges 112
24105 Kiel

(29) Hohenbergstraße
24105 Kiel

(30) Kunsthalle zu Kiel
Düsternbrooker Weg 1
24105 Kiel

(31) Friedenstraße
24148 Kiel-Ellerbek

(32) Schifffahrtsmuseum
Wall 65
24103 Kiel

(33) Kieler Männer-Turnverein
Jahnstraße 8a
24116 Kiel

(34) Sartorikai
24103 Kiel

(35) Erinnerungsstele
Alter Markt
24103 Kiel

(36) Nordfriedhof
Westring 481
24118 Kiel

(37) Lorentzendamm/
Ratsdienergarten
24103 Kiel

(38) Alter Markt/
Ecke Dänische Straße
24103 Kiel

(39) Seegartenbrücke
Wall 65
24103 Kiel

(40) Humboldtschule
Knooper Weg 63
24116 Kiel

(41) Schifffahrtsmuseum
Wall 65
24103 Kiel

(42) Kieler Nachrichten
Fleethörn 1-7
24103 Kiel

(43) Schlossgarten
Kieler Schloss
Dänische Str. 44
24103 Kiel

(44) Diederichsenpark
vom Niemannsweg aus
24105 Kiel

(45) Düsternbrooker Weg/
Ecke Carl-Loewe-Weg
24105 Kiel

(46) Schlossgarten
24103 Kiel

(47) Schlossgarten
24103 Kiel

(48) Schwanenweg 14
24105 Kiel

(49) Audimax der Christian-
Albrechts-Universität
Christian-Albrechts-Platz 2
24118 Kiel

(50) Eisenbahnmuseum Schönberg
Am Schierbek 1
24217 Schönberg

(51) Strand Hohes Ufer
24159 Kiel-Schilksee

(52) Petruskirche
Adalbertstr.10
24106 Kiel

(53) Landeskirchenamt
Dänische Str. 21
24103 Kiel

(54) Seegartenbrücke
Wall 65
24103 Kiel

(55) Hiroshimapark/Rathausstraße
24103 Kiel

(56) Leuchtturm Holtenau
Tiessenkai
24159 Kiel-Holtenau

(57) Wasserturm Ravensberg
Niebuhrstraße 5
24118 Kiel

(58) Seefischmarkt Kiel
Haus 4
Wischhofstraße 1–3
24148 Kiel

(59) Schifffahrtsmuseum
Wall 65
24103 Kiel

(60) Alter Markt 1/
Ecke Holstenstraße
24103 Kiel

(61) Opernhaus
Rathausplatz 4
24103 Kiel

(62) Kunsthalle zu Kiel
Düsternbrooker Weg 1
24105 Kiel

(63) Schifffahrtsmuseum
Wall 65
24103 Kiel

(64) Kieler Rathaus
Fleethörn 9
24103 Kiel

(65) Kieler Rathaus
Fleethörn 9
24103 Kiel

(66) Rathausplatz
Fleethörn 9
24103 Kiel

(67a) Feldstraße/Ecke Langer Segen
24105 Kiel

(67b) Ratsdienergarten
24103 Kiel

(68) Ratsdienergarten
24103 Kiel

(69) Marine-Viertel in Kiel-
Ravensberg
24105 Kiel

(70a) Forstweg 40
24105 Kiel

(70b) Kieler Rathaus
Fleethörn 9
24103 Kiel

(71) Düppelstraße 23
24105 Kiel

(72) Sporthafen Kiel – Düsternbrook
– Alter Olympiahafen 1936
Hindenburgufer 60
24105 Kiel

(73) Alter Markt
vor der St. Nikolai-Kirche
24103 Kiel

(74) Goethestraße/
Ecke Humboldtstraße
24116 Kiel

(75) Rendsburger Landstraße
24111 Kiel-Russee

(76a) Flandernbunker
Kiellinie 249
24106 Kiel

(76b) Kieler Rathaus
Fleethörn 9
24103 Kiel

(77) St. Nikolai-Kirche
Alter Markt
24103 Kiel

(78) Ostseekai
24103 Kiel

Literaturverzeichnis

Beseler, Hartwig (Hrsg.): Kunst-Topographie Schleswig-Holstein, Neumünster 1969
Jensen, Jürgen/Wulf, Peter (Hrsg.): Geschichte der Stadt Kiel, Neumünster 1991
Jensen, Jürgen: Alt-Kiel und die Kieler Altstadt, Heide 1998
Klewin, Ferdinand: Aus Kiels Stadtgeschichte, Kiel 1986
Klewin, Ferdinand: Vom früheren Kiel, Kiel 1985
Tillmann, Doris/Rosenplänter, Johannes (Hrsg.): Kiel Lexikon, Kiel 2011
Wilde, Lutz u.a.: Denkmaltopographie Landeshauptstadt Kiel, Neumünster 1995
www.kiel.de/kultur/stadtarchiv/erinnerungstage
www.sh-kunst.de